El libro ABC de comprar

Y vender bienes raíces
Cuthbert

El libro ABC de la compra de vivienda

POR: THADDEUS FAULKNOR

Comprando tu primera casa

Cómo comprar tu primera vivienda con Poco o ningún dinero de entrada...

Comprando tu primera casa

Realidades de tus transacciones inmobiliarias

Por Thaddeus Faulknor

IMPRESO POR: Thaddeus Faulkner

Tabla de Contenidos

Introducción

Me vi motivado a publicar este manual debido a recientes cambios en el sector inmobiliario. Si te detienes a prestar atención, te darás cuenta de que cada vez más estadounidenses expresan su descontento con el mercado inmobiliario. Muchas personas están preocupadas por la subida de los precios y la manera que la inflación está mermando sus ingresos, haciendo difícil la compra de una vivienda. Es decir, el rápido ritmo de los cambios ha disminuido las posibilidades de ser propietarios de una vivienda. Como resultado, muchas personas han recurrido a dos empleos para para estar a la altura de las exigencias actuales.

No es probable que la economía mejore, y los retos financieros que afrontamos se empeorarán. Podemos tener preguntas sobre nuestro futuro e intentar predecir lo que nos espera. Puede que no haya soluciones inmediatas a las preguntas y crisis que aparezcan, pero la vida sigue. Estas situaciones requieren decisiones difíciles y desafiantes hoy en día. Esto no es un cuento de hadas ya que muchos de nosotros hemos oído a nuestros amigos y familiares quejarse de ello.

El mensaje es claro y sencillo: todo sucede a gran velocidad y afectado por la inflación, por lo que la lógica nos dice que debemos encontrar una solución que pueda seguir este ritmo. En la actualidad, muchas veces nos encontramos buscando en la sección de anuncios clasificados del periódico día tras día con rotuladores en la mano sintiéndonos confusos y hartos. Sin embargo, esto no resolverá la carrera hacia la pobreza.

En las páginas que siguen te enfrentarás cara a cara con la realidad y te darás cuenta de que dos trabajos no son la verdadera solución. No pretendo asustarte pero debemos aprender cómo y cuándo afrontar las realidades de la vida. Intento animarte a que aprendas a pescar en lugar de alimentarte una sola noche con pescado que te regalan. El pescado regalado sólo satisfará la gratificación inmediata y no tendrá en cuenta los días venideros. Quiero compartir mis conocimientos contigo. Quiero ayudarte a iniciar un viaje hacia la independencia financiera y la autosuficiencia que te proporcionará los medios para un futuro prometedor. Tomaré prestadas las palabras del gran Martin Luther King cuando dijo: "He visto la tierra prometida, y sé que un día llegaré a ella, no sé cuándo pero mis ojos la han visto". Cada uno de nosotros se enfrenta cada día a decisiones entre armas o tranquilidad social. Dinero gastado es dinero ganado; recuerda que hace falta dinero invertido en bienes raíces para traer toda esa tranquilidad. Si quieres adelantarte a la inflación, te insto a que utilices la ventaja inmobiliaria, que se acelerará más rápidamente y te dará ventaja sobre la tasa de inflación para ponerte al día. El mejor vehículo para ayudar a ponerse al día con la inflación es el sector inmobiliario. Puede que no estés seguro del tipo de sector inmobiliario al que debes dedicarte, o de cuándo hacerlo, y puede que no tengas conocimientos previos. Por eso estoy escribiendo este libro para ti. No pretendo sacar algo de tu bolsillo, sino mostrarte cómo añadir algunos recursos a tu cartera. Lo llamamos dólares y céntimos. Estoy seguro de que el sector inmobiliario es para ti.

Si me lo permites, me gustaría presentarme a mis lectores. Para algunos puede ser interesante y para otros no. Puede que algunos que leen mi transcripción me hayan conocido personalmente, pero sea cual sea el conocimiento que tengan de mí, mejor es que lean lo que tengo que decir. Hay muchas cosas buenas en los pensamientos que he compartido en este pequeño libro de mano. Confío en que después de leer este libro no serás como eras, sino que estarás preparado para asumir los retos que te esperan. He estado en instituciones de enseñanza, pero mi mayor maestro fueron las cosas que tengo que hacer para compartir mis conocimientos con aquellos de ustedes que buscan avanzar al buscar la excelencia. En una de las epístolas de Pablo escribió estas palabras: "Desde mi juventud he aprendido a conocer las Sagradas Escrituras", continuó diciendo, "me han hecho sabio para la salvación". Lo que quiero decir es que desde joven he aprendido a que me gusten los bienes raíces y me gustaría arrojar algo de luz a alguien que desee entrar en el sector inmobiliario.

Mi camino hacia el sector inmobiliario pasó por la industria maderera. Cuando terminé el instituto, pensé que sería una buena idea aprender la carpintería y ebanistería. ¿Por qué querría ser carpintero y ebanista? Una de las cosas en las que pensaba era construir mi casa y después amueblarla. Como resultado reflexioné sobre mis experiencias para presentártelas de la presente forma.

Sólo después de visitar muchos países diferentes empecé a trabajar como carpintero y ebanista. Después regresé a mi isla natal, Jamaica, donde enseñé el oficio en la escuela secundaria durante unos seis años. Después emigré a Estados Unidos, donde cursé estudios superiores, pero en medio de todo, me encantaba el sector inmobiliario y no daba nada por sentado. El sector inmobiliario para mí puede ser la respuesta a mis sueños, pero no creo sólo en los sueños, creo que si se quiere vivir un sueño, tiene que convertírselo en realidad. Cuando hablamos de bienes raíces, ¿de qué estamos hablando? La inmobiliaria es tanto como el sueño hecho realidad. Estás pagando un alquiler y sueñas con tener tu propia casa, pero tienes que dejar de hablar de lo que quieres hacer y hacerlo. A menos que se dé un paso significativo, no habrá ninguna realización. Mis ambiciones inmobiliarias aún no se han cumplido del todo pero estoy en camino. No hay vuelta atrás. Creo que la vida le debe a cada persona un sustento, y a nosotros nos corresponde ir en busca de lo que el Señor nos tiene reservado. Creo firmemente en el destino.

Buenas intenciones

Espero que este pequeño libro de mano sea útil para todos, (1) el inquilino, (2) los compradores, (3) los vendedores y (4) los inversores. Fue escrito específicamente para quienes desean aprender más sobre el sector inmobiliario sin saber cómo ni por dónde empezar. Algunos incluso ya están dentro de dicho sector pero tienen miedo de dar más pasos en este camino. Tienen tanto miedo que se quedan a buen recaudo sin hacer nada. Mi libro se dirige tanto a compradores como a vendedores. Si vas a comprar por primera vez o si eres un comprador por segunda vez, no me cansaré de recordarte que cada transacción es diferente y puede tener distintos niveles de involucración.

El sueño americano ha sido comprar bienes raíces, y no hay nada malo en ello si es un sueño, pero ese sueño debe cumplirse cueste lo que cueste. A veces el proceso de ser propietario es duro y doloroso, pero nadie ha prometido un camino fácil para progresar; por tanto, debemos tener el valor de capear el temporal. He hablado con varias personas en distintas ocasiones, tanto vendedores como compradores, y otros más indecisos. Sin embargo, no corres ningún riesgo al sopesar los posibles riesgos y beneficios de la decisión de entrar en el mercado inmobiliario como propietario o seguir alquilando como inquilino.

Me gustaría iluminar las mentes de los compradores y vendedores por igual. He caminado por las calles en muchas ocasiones y he escuchado a mucha gente a lo largo de los años. La mayoría ha realizado algunas transacciones inmobiliarias mientras que otros no. Como inmobiliaria con experiencia, me gustaría ayudar tanto a vendedores como a compradores, incluso a los que aún no han decidido lo que quieren hacer. Hay tres categorías de personas, y dirijo mis pensamientos a las tres. Las primeras son las que aún son nuevas en el negocio y que todavía necesitan mucha orientación. El segundo está buscando casa y sólo espera la oportunidad de entrar, y el tercero nunca pensará en ser propietario.

Este libro te ayudará a ver tus necesidades, y más aún, a identificarlas. Sin embargo, a veces me preocupa el nuevo comprador. Son nuevos en el sector y no están muy seguros del primer paso que deben dar. La mayoría de las veces no saben cuál es la primera pregunta que deben hacer. Me gustaría dar algunos consejos sobre el proceso de la compra y venta. A los que están al límite, me gustaría decirles esto de forma eficaz, e intentar educar a mis lectores. Si tan sólo pudiera iluminar las mentes de mis lectores, mis objetivos se habrían cumplido.

Somos conscientes de que comprar una casa no es fácil. Requiere de fuerza y determinación. Es un gran paso que debe pensarse bien y uno que deben de realizar con detenimiento. Un comprador bien informado es lo ideal. Obtendrán un mejor resultado. El objetivo de este libro es explicar y esbozar eficazmente el proceso. Por eso me di la tarea de escribirlo. Comprendo que no puedo reunirme personalmente con todo el mundo, pero a medida que sigas leyendo, verás que este libro es una dedicación y una expresión de preocupación por quienes desean entrar en el sector inmobiliario, no sólo para comprar una propiedad, sino para ganarse la vida de forma honrada y ética. Este libro es más que una charla motivacional, ya que la información que contiene será útil mucho después de olvidar una conversación.

Espero que este libro te ayude a conseguir la independencia financiera. Esto sólo puede ocurrir si lees el libro y aplicas la información en consecuencia. Puede que muchos de ustedes hayan trabajado duro a lo largo de los años sin poseer una propiedad inmobiliaria. No tiene que ser así, pero requiere asumir un riesgo, concretamente con el dinero. El tiempo equivale a más dinero, y en eso consiste la independencia financiera. Si este libro te resulta útil, te sugiero que lo compartas con otras personas o incluso que se lo regales a alguien que conozcas. Sería un regalo valioso. Queremos alimentar a nuestros amigos y enemigos con pescado regalado, pero es difícil seguir haciéndolo, así que podemos enseñarles a pescar para que puedan alimentarse a sí mismos y a sus seres queridos toda la vida. Si puedes ayudar a alguien, ¿por qué no hacerlo? Este libro no pretende ser un curso exhaustivo sobre el sector inmobiliario. Sin embargo es crucial que te informes sobre el sector inmobiliario, y como corredor de bienes raíces tengo un conocimiento práctico del mercado. Quiero compartir mis habilidades contigo y ayudarte a conseguir el mejor precio en la compra de bienes raíces. Ten en cuenta que un buen conocimiento no solo convertirá a un negocio malo a un negocio bueno. Son los conocimientos puestos en acción que realizan el esperado negocio. Debes evaluar el negocio y determinar si se ajusta a tus objetivos de inversión. Un buen conocimiento ayudará a mantener intacto un buen negocio y puede evitar posibles conflictos entre compradores y vendedores.

Ten en cuenta que este pequeño libro es pionero ya que muchas de sus orientaciones aún no se han puesto a prueba en ninguna situación. El contenido de este manual explicativo sólo tiene fines ilustrativos. El objetivo principal de este material es transmitir algunos de los conocimientos adquiridos en el sector inmobiliario y ofrecer un ejemplo de cómo realizar una compra de vivienda inteligente. Es importante tener en cuenta que cada transacción inmobiliaria es única y debe obrarse en consecuencia. Al igual que un traje bien confeccionado, cada transacción debe personalizarse para ajustarse a las necesidades específicas del comprador.

Comprar tu primera vivienda

Comprar tu primera vivienda es un paso importante y debes darlo con cuidado. He intentado organizar estos conceptos de forma que se dirijan tanto a los vendedores como a los compradores. Primero trataré el proceso de compra y luego profundizaré en el aspecto de venta del mercado inmobiliario. Un comprador es alguien que está en el mercado para adquirir bienes raíces; cabe señalar que no he utilizado el término comprador "por primera vez". Los compradores por primera vez son personas que actualmente residen en una vivienda de alquiler o con otra persona, pero no tienen una vivienda propia. También vale la pena mencionar que si vendiste tu vivienda y no la poseíste durante tres años, y ahora quieres volver a comprar después de los tres años, ahora se te considera comprador por primera vez. Como comprador de tu primera vivienda, tienes derecho a participar activamente en el mercado, independientemente de si quieres comprar y vivir en una cooperativa, un condominio o en una vivienda bifamiliar o trifamiliar.

Como comprador potencial de una vivienda, es importante no ponerse demasiado ansioso. Es fundamental comprender que el proceso de compra de una vivienda implica mucho más que simplemente ver propiedades. Para asegurarte de que tomas la mejor decisión, te conviene trabajar con un agente inmobiliario cualificado que posea los conocimientos y habilidades necesarios para proporcionarte la orientación necesaria. Has invertido una cantidad significativa de tiempo y esfuerzo en acumular tus ahorros, y es natural que quieras asegurarte de que estás tomando la decisión correcta. Por lo tanto, es crucial evitar ponerse demasiado ansioso, ya que esto podría llevar a tomar una decisión precipitada y potencialmente comprar la casa equivocada o perder tu dinero. Recuerda, es importante que evites ponerte demasiado ansioso, y no puedo insistir lo suficiente en esto. Más adelante te darás cuenta de que tenía razón. Es importante recordar que no es fácil acumular dinero por lo que es esencial gastarlo sabiamente. El dinero honrado llega de una forma, pero puede salir de nuestras manos de muchas maneras. Por lo tanto es crucial aprovechar al máximo nuestros recursos cuando están en nuestro poder, ¿no te parece?

Mientras esperas el día en que poseas un trozo del Sueño Americano y cumplas tus deseos, te insto a que no dejes que tu sueño se convierta en una pesadilla. Tus objetivos deben seguirse de cerca hasta que se alcancen. No hay nada malo en soñar con convertirse en propietario de una vivienda, pero es importante buscar la ayuda de un agente inmobiliario. Quizá te preguntes por qué necesitas consultar a un agente inmobiliario cuando puedes hacerlo por tu cuenta. Aunque es posible comprar una casa de forma independiente, como comprador por primera vez puedes pasar por alto algunos factores importantes sobre los que un agente inmobiliario podría haberte orientado. Hay cosas que quizá nunca sepas hasta que sea demasiado tarde. Recuerdo hace unos años, cuando un vendedor me llamó y me dijo, "quiero que vendas mi casa". Pedí cita para el día siguiente. Cuando llegué a la casa, el vendedor me dijo, "mira y dime cuánto podría sacar por mi casa". Tras revisar la propiedad, le dije que podía poner la casa en el mercado por $220,000 dólares. Rechazó mi precio y dijo que quería $260,000 dólares. No podía vender la propiedad por $260,000 dólares ya que no valía ese precio. Su respuesta fue, "si el agente no puede conseguir mi precio, lo conseguiré de alguien de la calle, así que lo venderé yo mismo y conseguiré mi precio". Respondí, "muy cierto", porque pagarán por encima del precio. Unas semanas más tarde, el vendedor volvió a ponerse en contacto conmigo, y al principio pensé que se dirigía a mí para poner su casa en venta. Sin embargo, me informó de que había vendido con éxito su casa y había obtenido el precio que deseaba. Le pregunté quién era el comprador, a lo que respondió que era alguien que simplemente había entrado de la calle. Le deseé suerte en la transacción. Aproximadamente un mes después, el mismo vendedor volvió a ponerse en contacto conmigo para informarme de que su casa volvía al mercado y que necesitaba mi ayuda para encontrar un comprador. Pregunté qué había ocurrido con el comprador anterior, y me reveló que no habían podido conseguir los fondos necesarios para completar la transacción, con lo que habían perdido la venta y la cuota inicial de $10,000 dólares. Si el comprador hubiera utilizado los servicios de un agente inmobiliario, habría evitado perder el depósito. Como comprador de vivienda por primera vez, es crucial actuar con cautela y ser consciente de las posibles trampas. Recuerda que probablemente has trabajado durante varios años para acumular los fondos necesarios para comprar una casa; por tanto, es importante abordar el proceso con la diligencia y el cuidado que se merece.

Antes de meterte de lleno en el proceso de compra de una vivienda, hay algunos consejos importantes que me gustaría compartir contigo. La compra de tu primera vivienda es una empresa financiera importante que requiere una cuidadosa consideración y planificación. Normalmente se necesitan varios años de ahorros para permitirse una vivienda, por lo que es importante ser consciente y tomar las precauciones necesarias. Buscar la ayuda de un profesional, como un agente inmobiliario, puede beneficiarte mucho y merece la pena la inversión, aunque tenga un precio. Como agente inmobiliario y propietario de una vivienda, tengo experiencia de primera mano en este ámbito, y créeme cuando te digo que vale cada céntimo.

Como agente inmobiliario experimentado y propietario de una vivienda, comprendo los retos y la emoción que conlleva ser comprador de una vivienda por primera vez. Mi objetivo es proporcionarte una orientación clara y honrada para garantizar que tu experiencia de compra de vivienda sea lo más fluida y libre de estrés posible.

Es importante recordar que la compra de una vivienda es una inversión financiera importante y no debe tomarse a la ligera. No dejes que la emoción de ser propietario te nuble el juicio ni hacer que te arrojes a una decisión. Incluso si deseas algo concreto, como un patio trasero para hacer barbacoas el Día de la Independencia, es importante mantener la mente abierta y no dejar que ese deseo influya en tu proceso de tomar decisiones. He visto a compradores potenciales presionarse demasiado y conformarse con algo menos de lo que realmente deseaban.

Las transacciones inmobiliarias no deben precipitarse. Tómate tu tiempo y ten paciencia durante todo el proceso. Es importante trabajar con un agente inmobiliario que pueda proporcionarte la orientación y el apoyo que necesitas y ayudarte a tomar una decisión informada. Recuerda, comprar una casa es un gran compromiso financiero, y es esencial que tengas en cuenta tus finanzas y te asegures de que puedes obtener una hipoteca si es necesario.

Antes de empezar a buscar propiedades, es importante que tengas claro lo que constituye una compra en efectivo. Una venta en efectivo significa que tienes dinero suficiente para completar la transacción sin necesidad de obtener un préstamo de un banco. Si la casa que quieres comprar cuesta $150,000, y ya tienes $160,000 en tu cuenta bancaria, se considera una compra en efectivo sin condiciones. En este caso, no necesitarías acudir a un banco para negociar un préstamo. El dinero que hayas ahorrado mediante esfuerzos constantes, como un sueldo fijo o incluso un regalo o un premio de lotería, puedes destinarlo a una compra en efectivo. Si tienes fondos suficientes para completar la transacción sin necesidad de obtener un préstamo de un banco, se considera una venta en efectivo. Si puedes hacer una compra en efectivo, no tendrás que pasar por el proceso de negociar un préstamo con un banco.

Comprar tu primera vivienda es un hito importante y puede ser un proceso difícil. Requiere un gran esfuerzo, y el resultado final es a la vez gratificante y abrumador. Sin embargo, con la ayuda de un agente inmobiliario bien formado y con amplios conocimientos y habilidades, la transacción puede completarse sin problemas. Tienen acceso a una gran cantidad de información y saben dónde encontrar los detalles necesarios. Esto también te da una ventaja como comprador en efectivo, ya que el proceso de negociación se hace más manejable y la transacción puede finalizarse mucho más rápido que si lo hicieras a través de un banco. Las transacciones en efectivo pueden finalizarse en cuestión de semanas, mientras que una venta a través de un banco puede llevar meses, incluso hasta 2-3 meses, y en algunos estados puede llevar incluso más tiempo si surgen dificultades.

Obtener una hipoteca para tu primera vivienda puede ser un proceso difícil, pero también muy gratificante. Un agente inmobiliario bien formado puede guiarte en el proceso y proporcionarte información y recursos valiosos. También pueden darte poder adquisitivo, ya que los compradores en efectivo suelen disfrutar de ventajas en las negociaciones. Sin embargo, si decides acudir a un banco para obtener una hipoteca, tendrán que comprobar tu crédito y determinar tu elegibilidad para un préstamo. Se emitirá una carta de precalificación, basada en tu informe crediticio, que indicará la tasa de interés que el banco puede ofrecerte. Recuerda que los bancos se dedican a prestar dinero y ganan la mayor parte de su dinero prestándoselo a los propietarios de viviendas. Prepárate para pasar la comprobación del crédito, acepta las condiciones del préstamo del banco y estarás listo para ir de compras a casa.

Por cierto, es bueno recurrir a un agente inmobiliario, si así lo deseas. No importa dónde vivas, oirás hablar de agentes inmobiliarios, así que elige uno que esté en tu área. Hay varias formas de encontrar un agente inmobiliario cualificado en tu área, como buscarlo en programas de televisión, consultar la guía telefónica, escuchar la radio u hojear los periódicos locales. Es importante que no te detengas de ponerte en contacto con ellos y concertar una cita. Cuando lo hagas, asegúrate de hacerles saber que estás en proceso de comprar tu primera casa. Estarán encantados de ayudarte y proporcionarte una valiosa orientación durante todo el proceso. Es importante tener en cuenta que los agentes inmobiliarios son profesionales con licencia a los que el estado en el que operan impone estrictas normas éticas.

Un buen agente inmobiliario es algo más que un vendedor, esto lo descubrirás cuando empieces a hablar con uno. Te ayudarán a tomar decisiones muy acertadas. Es muy importante que te guste tu agente inmobiliario, porque trabajarás con él entre 80 y 120 días. Podrías tardar tanto tiempo en encontrar la casa que buscas. Para garantizar una relación de trabajo cómoda, es buena idea programar una reunión inicial con tu posible agente inmobiliario para hablar de tus necesidades y preferencias para tu nueva casa.

Cuando lleves un tiempo trabajando con tu agente inmobiliario, sabrás si te sientes cómodo con él. Los agentes inmobiliarios pueden proporcionarte muchas ventajas como comprador de vivienda por primera vez. Es buena idea encontrar un agente inmobiliario que sea miembro de un Servicio de Acuerdo Múltiple de Venta de tu área. Esto te dará acceso a más propiedades de las que encontrarías por tu cuenta. Cuando elijas a tu agente, programa una reunión con él para hablar de tus preferencias y requisitos en materia de vivienda. La ubicación, el tamaño, el estilo, el precio y cualquier otro aspecto imprescindible deben discutirse en esta reunión. Ten en cuenta que el proceso de búsqueda puede llevar mucho tiempo y causar frustración si no te gusta tu agente inmobiliario.

Recuerda ajustarte a tu presupuesto cuando busques propiedades. Tu agente puede informarte del rango de precios de las viviendas de tu área. Considera la posibilidad de pedir a tu agente inmobiliario que te muestre viviendas disponibles dentro de tu presupuesto y tus preferencias de ubicación. Alternativamente, puedes utilizar los periódicos locales o conducir por los vecindarios para encontrar casas en venta por sus propietarios. Estas viviendas, conocidas como "en venta por los propietarios" (FSBO por sus siglas en inglés), pueden ofrecer la oportunidad de hacer mejores tratos, ya que no hay agentes involucrados en el proceso de negociación.

Hay factores importantes que debes tener en cuenta al comprar. Esta será tu casa y piensas vivir en ella muchos años. Es un lugar en el que tendrás que criar a tu familia. No importa cuántas veces te vayas; tendrás que volver a tu casa. Asegúrate de que tiene el espacio de armario que necesitas, o el espacio para construir uno si tienes que hacerlo más adelante. ¿Y el aparcamiento para tu automóvil? No tiene sentido que hagas la compra y al día siguiente de mudarte te estés quejando del espacio para aparcar el automóvil. Antes de hacer una compra, piensa en los elementos esenciales para tu confort y en cómo contribuirán a hacer de tu casa un lugar agradable y cómodo para vivir.

Mientras tienes en cuenta estas cosas, piensa en el presupuesto, el tipo y el precio de la vivienda que puedes permitirte. Si quieres todas las comodidades en una casa, entonces tendrás que pensar en la asequibilidad. La asequibilidad es simplemente, "¿puedo permitirme las cosas que persigo? Si lo quieres todo en una casa, sabes que tendrás que pagar el precio. Por otra parte, si tu gusto es una casa cara y no puedes pagar por ella, déjame decirte que sólo te estás engañando a ti mismo. Sería bueno que escucharas a tu agente inmobiliario, porque podría ser tu cotejo con la realidad. Una casa cara puede meterte y te meterá en serios problemas en muy poco tiempo. Tienes que recordar que no se trata de algo que pagarás una sola vez sin embargo tendrás que hacer frente a un pago mensual durante treinta años. Eso es mucho tiempo para tener el mono encima; no puedes deshacerte de él tan fácilmente a menos que vendas la casa o dejes de pagar la hipoteca, y el banco va a iniciar un procedimiento de ejecución hipotecaria sobre la propiedad. No creo que quieras que eso te ocurra, por eso insisto en la asequibilidad. Te advierto que seas prudente. Si no puedes permitirte la casa que estás mirando, déjala y pasa a otra que realmente puedas permitirte sin salir de tu presupuesto. Si sales demasiado, tendrás problemas.

Tus ingresos determinan el valor de la vivienda que puedes comprar. No te engañes; una renta de sesenta mil dólares no puede comprar una casa de quinientos mil dólares. Si tienes esa idea en mente, es poco probable que tenga éxito a menos que puedas hacer una cuota inicial significativo durante el proceso de negociación. La otra excepción a la regla de los ingresos es si puedes encontrar un cofirmante que te avale. Un cofirmante es alguien que está dispuesto a combinar sus ingresos con los tuyos para ayudarte a aumentar tu poder adquisitivo y una vivienda más cara. Por ejemplo, imagínate que tus ingresos son de sesenta mil dólares y los de la otra persona también son de sesenta mil. Estos dos ingresos se combinan para dar a los compradores más poder adquisitivo. Recuerda que un cofirmante puede ser cualquiera. Pueden ser tu madre, tu padre, tu hermano, tu hermana o cualquier otro pariente, o incluso un buen amigo. Un punto interesante para tener en cuenta es que el cofirmante no tiene por qué vivir en la vivienda contigo. Trabaja de buena fe en tu nombre para ayudarte a conseguir la hipoteca. Esta es la razón por la que tu agente debe tratar de averiguar cuánto dinero manejas, de modo que si necesitas un cofirmante, pueda darte la información correcta antes de perder tu tiempo y el tiempo del comprador, y empieces a albergar tus esperanzas para luego verlas destrozadas, todo por no haber empezado correctamente. Averiguar tus ingresos brutos es sólo cuestión de averiguar si reunirías los requisitos para comprar la vivienda al precio que estás pensando. La mayoría de las veces, cuando los agentes inmobiliarios intentan ayudar a los compradores en averiguar la cantidad de dinero que manejan, se ponen a la defensiva y no quieren hacer tal revelación, pero eso es sólo para ayudarte mejor. No intentan robarte el dinero, sino que simplemente necesitan saber cuánto dinero estará dispone para invertir en la vivienda que piensas comprar. Créeme, los agentes inmobiliarios no intentarán sacarte el dinero de esa manera, hacen preguntas para ayudarte a ti, el comprador, a tomar una decisión inteligente y no para hacerte perder demasiado tiempo. Como sabes, el tiempo es oro, así que intentamos ahorrarlo todo lo posible. Cuando pasas mucho tiempo buscando una casa que no te puedes permitir, estás perdiendo el tiempo, y si lo haces un par de días o semanas te vas a sentir muy frustrado y decepcionado. No sólo eso, sino que vas a despedir a tu agente inmobiliario. No quiero que eso te ocurra a ti, por eso intento evitar que eso te pase. La cuota mensual de tu hipoteca tiene que ser asequible incluso con un cofirmante.

Imagina que vas a la oficina de un agente inmobiliario y solicitas ver una vivienda bifamiliar, el agente te lleva de visita para ver distintas propiedades hasta que encuentras la que quieres y luego haces una oferta. Imagina que su oferta ha sido aceptada, así que te pones en contacto con tu abogado, y que te pide que firmes el contrato con tu depósito de veinticinco mil dólares ($25,000). Informas al abogado de que "todo lo que tenías eran quince mil dólares ($15,000)". ¿Qué dirías tú? ¿Qué harías tú? Habrías despedido a tu agente porque no hizo un buen trabajo para ti. Éstas son algunas de las razones por las que decimos que debes hablar con tu agente inmobiliario: Están bien formados. Son tus especialistas y se asegurarán de que no pierdas el tiempo, porque ellos tampoco quieren perderlo. Su objetivo es conseguirte la casa que puedas permitirte en el menor tiempo posible, y que finalices la venta para que puedas mudarte e instalarte. Te recordaré constantemente en este escrito que comprar una casa no es una tarea fácil. Esta es una de las razones por las que tu agente inmobiliario no quiere que esto se prolongue durante mucho tiempo; por tanto, debes cooperar con él o ella, y dar lo mejor de ti. Algunos compradores piensan que deben ver todas las casas del vecindario antes de decidirse por una. Una vez me visitó una pareja que buscaba un hogar. Me pidieron que les enseñara todas las viviendas unifamiliares en venta en la zona. Les pregunté por qué querían ver todas las viviendas unifamiliares cuando querían comprar una vivienda bifamiliar. "Sólo para ver qué hay ahí fuera", respondieron. Quiero que conozcas el proceso que hemos establecido para evitar que busques sin rumbo la casa perfecta para ti. Después de leer este libro, comprenderás mejor el proceso de compra de una vivienda y los puntos que he expuesto.

Para encontrar la propiedad adecuada, quizá tengas que decidir cuánto tiempo estás dispuesto a dedicar al día o a la semana a mirar propiedades. Algunos recomiendan que dediques dos horas al día a explorar posibles vecindarios que puedan encajar bien contigo y con tu familia. Sé que ya tienes la zona establecida en tu mente, así que cuando conduces no pierdes realmente el tiempo. Esta es una buena forma de hacer las cosas por tu cuenta, después de haber preguntado lo suficiente y de estar seguro de dónde quieres vivir.

Un buen agente inmobiliario

Hay algunas cosas que debes saber sobre un agente inmobiliario antes de elegirlo. Los agentes inmobiliarios son personas experimentadas y profesionales, muy preparadas en el sector inmobiliario para ayudar tanto a compradores como a vendedores, así que no les tengas miedo. Es bueno entablar amistad con los agentes inmobiliarios; ellos quieren hacer lo mismo contigo. Necesitarás su asesoramiento profesional a medida que pase el tiempo. Se supone que los agentes inmobiliarios son honrados y hacen las cosas éticamente. Si tienes un agente inmobiliario amigo, siempre velará por tus intereses en caso de que surja algo bueno, y estará de tu parte. Muchos agentes inmobiliarios tienen un buen conocimiento del sector inmobiliario y están dispuestos a compartir su experiencia y sus conocimientos cuando lo pidan.

Los agentes inmobiliarios están deseosos de compartir conocimientos importantes sobre el proceso de compra o venta de bienes raíces, por lo que es importante aprovechar su experiencia, ya que puede beneficiar enormemente tu viaje. Han pasado por un entrenamiento vigoroso y un trabajo duro para estar donde están. Muchos han pasado sin descanso horas asistiendo a seminarios y formaciones diversas para conseguir información fiable que compartir con el público. Están orgullosos de sus resultados. Los agentes inmobiliarios sí creen en el código ético, que es vital para el sector y nos separa de otras actividades negociales. Esto nos permite reforzar nuestro enfoque colaborativo a la hora de compartir información con otros agentes inmobiliarios.

La Asociación Nacional de Agentes Inmobiliarios es una organización profesional a la que los agentes inmobiliarios pertenecen como miembros. Suscribimos su estricto código ético. Lo hacemos porque disfrutamos sirviendo a nuestra comunidad y a aquellos con los que trabajamos. Un agente inmobiliario reputado se esfuerza por mantener una reputación positiva y trabaja duro para ganarse la confianza de los clientes. Nos comprometemos a tomar todas las medidas necesarias para evitar cualquier acción que pueda dañar la reputación de nuestra profesión. Nuestro objetivo es aumentar siempre nuestra profesionalidad para tener éxito, y esforzarnos por representar dignamente a nuestros compradores y vendedores. Animamos a personas de todos los grupos y procedencias a unirse a nosotros en nuestro empeño por construir una comunidad fuerte y una organización reputada.

A menudo se considera que el sector inmobiliario es una forma de ganar dinero, por lo que es importante que mantengamos una imagen y una reputación positivas del sector. Nos comprometemos a mantener un alto nivel de profesionalidad, integridad y credibilidad en el sector inmobiliario. Aunque trabajar con compradores sin contrato puede entrañar riesgos, estamos dispuestos a asumirlos para servir mejor a nuestros clientes. Contamos con la colaboración del público para ayudarnos a tener éxito en este rentable campo. Nosotros, como agentes inmobiliarios, utilizamos nuestra experiencia y formación para ayudarte a cumplir tu sueño de ser propietario de una vivienda, y nos esforzamos por ofrecer el máximo nivel de servicio profesional. Nuestro objetivo es ayudarte a encontrar la casa perfecta, pero también contamos con el compromiso y la confianza de nuestros clientes antes de dedicar nuestro tiempo y recursos a su búsqueda.

Los agentes inmobiliarios llevan años ayudando a la gente a comprar y vender sus casas. Sabemos muy bien lo emocionante y a la vez incierto que puede ser este momento. El sector inmobiliario es un sector del que el público espera mucho y, como profesionales, nos comprometemos a prestar servicios receptivos y honrados a nuestros clientes. Nos comprometemos a ganarnos la confianza de compradores y vendedores con nuestras acciones. Comprendemos la importancia de hacer del proceso de compra o venta de una vivienda una experiencia positiva. Sabemos que el público cuenta con que demos lo mejor de nosotros mismos, y nos esforzamos por estar a la altura de esas expectativas. Te pedimos que colabores en nuestros esfuerzos por prestar el mejor servicio posible.

¿Qué precio de vivienda puedo permitirme?

Es difícil determinar el rango de precios de una vivienda que se ajuste a tu presupuesto sin evaluar antes ciertos factores, como la cantidad de dinero en efectivo de que dispones y el tiempo que llevas empleado en  tu trabajo actual. Un agente inmobiliario bueno y experimentado puede orientarte y guiarte durante el proceso de compra de una vivienda teniendo en cuenta estas consideraciones y remitiéndote a instituciones financieras de confianza con las que haya trabajado en el pasado. Como ya se ha dicho, el precio de una vivienda lo determina tu agente en función de tus ingresos y poder adquisitivo. También debes tener una fuente legal de ingresos para poder obtener una hipoteca de una institución crediticia acreditada.

Hemos descubierto que esto es un gran problema en el mercado inmobiliario actual. A muchas personas les gustaría comprar una propiedad, desean conseguir algún tipo de financiación sobre la misma, pero no disponen de los recursos necesarios para hacerlo. Hay compradores potenciales que pretenden comprar una casa por $300,000 mientras que sus ingresos son de $40,000. Simplemente no pueden permitirse la propiedad y al mismo tiempo no aceptan el hecho de que no pueden permitírsela. A decir verdad, "sólo pierdes el tiempo y te engañas a ti mismo". Lo bueno es que no podrás engañar a tu agente, y si logras hacerlo, debería darle vergüenza a tu agente porque se supone que es la persona que te guía en el proceso de convertirte en propietario de una vivienda. Muchos compradores potenciales desconocen los pasos necesarios para comprar una vivienda. Para asegurarte de que no se te escapa ningún detalle importante, es esencial que hables con un agente inmobiliario de confianza. Un buen agente poseerá cualidades como una fuerte ética de trabajo, compromiso con el servicio al cliente, sentido de la responsabilidad, dedicación y determinación. Un buen agente trabajará para su cliente y encontrará todos los recursos disponibles para ti. Te ayudarán a encontrar algo que se ajuste a tu presupuesto. Puede que incluso te sorprenda lo mucho que puedes permitirte. Para más consejos sobre hipotecas y financiación, puedes hablar con un especialista bancario, o si no conoces a ninguno, pide a tu agente inmobiliario que te remita a uno. Conocen a muchos. No dudarán en recomendarte una empresa hipotecaria o un asesor. Son los que tienen dinero, así que tienes que hablar con ellos, aunque a veces no quieras oír lo que tienen que decir.

Un comprador de vivienda puede ser aprobado para una determinada cantidad hipotecaria, pero eso no significa que se sienta cómodo con el pago mensual. El banco puede calificar al comprador por más de lo que está dispuesto a pagar mensualmente. Esto también determinará el precio de una vivienda. La cuota mensual es proporcional a la cantidad de la hipoteca. La cuota inicial más el cierre equivalen a la cantidad de dinero necesaria para cerrar la compra de la propiedad.

Viendo viviendas

Una vez que hayas obtenido la pre-calificación de una entidad financiera, es hora de empezar a buscar viviendas en tu rango de precios y en la ubicación deseada. Una forma de hacerlo es trabajar con un agente inmobiliario. Cuando veas casas, tu agente inmobiliario te enseñará casas que normalmente no verías sin un agente. Estas viviendas están incluidas en el Servicio de Acuerdo Múltiple de Venta (MLS por sus siglas en inglés) de tu zona y sólo pueden acceder a ellas los agentes inmobiliarios miembros de esa organización. Para facilitar el proceso de búsqueda, tu agente inmobiliario puede introducir criterios específicos, como el número de dormitorios, baños, metros cuadrados y rango de precios, y la computadora mostrará todas las viviendas dentro de la categoría de la información introducida por el agente inmobiliario. Este servicio no está disponible para quienes no participan en el Servicio de Acuerdo Múltiple de Venta, y por eso es importante que preguntes a tu agente inmobiliario si es miembro de la Junta de Agentes Inmobiliarios. Si trabajas con un agente miembro de la Junta de Agentes Inmobiliarios, podrás ver más casas en menos tiempo y recibirás un mejor servicio.

Quizá quieras saber cuáles son las ventajas de recurrir a este tipo de agentes inmobiliarios, pero es muy sencillo. El agente inmobiliario que tenga acceso al sistema podrá mostrar más viviendas en menos tiempo. Habría más casas entre las que podrías hacer tu selección, lo que significa que pasarías menos tiempo buscando la casa de tus sueños y la casa de tu elección. En este caso, si tienes prisa por mudarte, tu agente inmobiliario del MLS será el que te haga entrar y salir de la zona de compra de viviendas en el menor tiempo posible. Cuando estés comprando o viendo la casa, haz todas las preguntas que se te ocurran. A veces se te queda la mente en blanco y puede parecer que te quedas sin palabras o que no tienes ninguna pregunta hasta que llegas a casa. Es importante tomar nota de cualquier observación o pregunta que te venga a la mente mientras ves las casas, ya que puede ser fácil olvidar detalles importantes más adelante. Tener un bolígrafo y un papel a mano puede ayudarte a anotar cualquier idea o pregunta que te venga a la mente mientras ves las propiedades. No tengas miedo. Recuerda que estás a punto de hacer una inversión económica importante, por lo que es importante que estés lo más informado posible. Cada pregunta es importante para ti. Al ver las casas, es importante tener en cuenta el vecindario y los servicios que lo rodean. Pregunta por la calidad de los colegios de la zona, las opciones de compras cercanas y fíjate en los negocios y el tráfico del vecindario para determinar si es un lugar adecuado para criar a tus hijos. ¿Y un lugar de culto, es importante para ti? Si la religión es importante para ti, infórmate sobre la disponibilidad de lugares de culto en la zona. Cuanta más información tengas, mejor preparado estarás para tomar una decisión con conocimiento de causa.

Puede ser importante tener en cuenta estos factores a la hora de tomar una decisión, por lo que es mejor abordarlos ahora que tener que afrontar posibles consecuencias negativas más adelante. Cuando veas la casa, no mires los muebles, no estás comprando muebles, estás comprando la casa, a menos que vayas a comprar los muebles más adelante. Si es así, no te confundas con la vivienda y los muebles, son dos transacciones distintas. Cuando veas una casa, fíjate en el suelo para ver si está nivelado o hundido. Busca posibles defectos en el tejado. Si te gusta la casa y vas a firmar un contrato con el vendedor, es hora de que contrates a un ingeniero para que compruebe la estructura de la casa. Un ingeniero verá mucho más de lo que puedas imaginar. Es su especialidad y harán un buen trabajo para ti. Invertir en una inspección técnica, que suele costar unos $500, puede ahorrarte una cantidad significativa de dinero y posibles dolores de cabeza a largo plazo, al identificar cualquier posible problema con la vivienda antes de que te mudes a ella. Comprobará el tejado, el suelo, los sistemas de fontanería y electricidad, la caldera, las paredes, etc. También puede ser necesario tener en cuenta otros factores importantes, y una inspección de un ingeniero puede hacer que estés consciente de cualquier problema eventual y ayudarte a recibir el mejor valor por tu inversión.

Te recuerdo que debes centrarte en los aspectos importantes de la vivienda y no dejarte llevar por detalles estéticos como la moqueta y la pintura, ya que pueden solucionarse fácil y económicamente después de la compra. Detectar defectos a veces puede ser difícil, pero quiero que seas feliz después de haberte mudado, así que te animo a que lo hagas antes en lugar de enfrentarte a ello más tarde. No quiero que dos semanas después descubras que tu casa tiene termitas, o que el suelo se está inclinando, todo lo cual podría haberse evitado fácilmente si hubieras hecho lo correcto buscando la ayuda de un experto. Un sistema o problema estructural o mecánico importante en una casa puede hacer descarrilar una compra que de otra forma hubiera sido sin problemas. Un inspector de viviendas competente puede evitar que te sorprenda un defecto importante después de haberte mudado. Aunque los vendedores están obligados a revelar cualquier problema importante del que tengan conocimiento, deberías intentar detectar tú mismo algunos defectos evidentes. Te recuerdo que debes prestar atención a cuestiones importantes, como la condición del tejado. Presta atención a cualquier marca en el techo, que podría indicar un problema grave y costoso de arreglar. Puedes tomar nota de los defectos a medida que los detectes en cada propiedad. Esto te ayudará cuando pases de una casa a otra, en lugar de intentar recordar de memoria todos los defectos que has visto en cada casa. No confíes sólo en tu memoria porque podría fallarte. En su lugar, debes documentar cualquier preocupación que observes. Por ejemplo, cuando veas un suelo hundido, en lugar de decir "creo que he visto suelos nivelados", puedes consultar tus notas y ver claramente grabado que "el suelo está hundido" o "hay que cambiar el tejado", "hay goteras en el fregadero de la cocina", etc. Como ves, si llevas un registro escrito de los problemas o defectos que observas mientras ves casas, tendrás una referencia clara a la que remitirte cuando llegues a casa. Esto eliminará la necesidad de intentar recordar lo que viste y dónde lo viste. Para que sea aún más útil, incluye en tus notas la dirección de la propiedad donde viste el problema. Esto te ayudará a hacer un seguimiento del estado de cada casa que veas y te facilitará comparar y tomar una decisión. Te sorprenderá lo útil que te resultará este tipo de lista de control.

¿Cuántas casas debo mirar antes de comprar?

No hay una regla fija sobre cuántas casas hay que ver antes de hacer una oferta. Para que el proceso sea más eficaz, es recomendable que hagas una lista de las características concretas que buscas en una casa, como el número de dormitorios, si necesitas un comedor o una cocina comedor. Si proporcionas a tu agente todos los detalles posibles, estará mejor preparado para encontrar una casa que mejor se ajusta a tus necesidades en la primera visita. Eso está bien, y tendrás menos agravantes viajando por todas partes para encontrar una propiedad de tu elección. No sólo es más eficaz proporcionar a tu agente una lista detallada de las características de la casa que deseas, sino que tampoco tiene sentido seguir viendo casas después de haber encontrado la que se ajusta a tus necesidades. Es una pérdida de tiempo mirar otras casas cuando ya has encontrado la que quieres.

Cuando ayudaba a una familia grande a encontrar casa, me sentaba con ellos un rato y les hacía varias preguntas para recabar información sobre sus necesidades. Pregunté por el tamaño de la familia, las edades de los niños y otros detalles. Cooperaron mucho. A veces me preguntaban por qué hacía tantas preguntas y yo respondía, "porque quiero ser de ayuda". Recuerdo que el padre me preguntó, "¿cuándo vas a enseñarnos una casa?". Les expliqué que no podía enseñarles una propiedad hasta que hubiera reunido suficiente información para asegurarme de que les estaba mostrando la propiedad correcta, ya que la familia era muy numerosa y no quería perder el tiempo. Dos semanas después llamé a la familia y se alegraron mucho de que les hubiera encontrado una propiedad adecuada. Me preguntaron cuándo podrían verlo y les contesté, "hoy". Se programó una reunión para el día siguiente. Al día siguiente, la familia vino a ver la casa. Me tomé mi tiempo para enseñarles el lugar y les di todo el tiempo que necesitaban inspeccionar la propiedad. Caminaron hasta el patio trasero y parecían satisfechos con lo que veían. Uno de ellos se volvió hacia mí y me dijo, "ya estamos listos; nos gusta la propiedad y no queremos ver otra; esta es; esto es lo que buscábamos". Me emocioné y exclamé: "¡Al blanco!". Esta fue la primera casa que enseñé a la familia. La clave de mi éxito fue que hice los deberes correctamente. Pasé algún tiempo con ellos, intentando comprender exactamente lo que buscaban, para que cuando saliera a buscar una propiedad, pudiera encontrar la adecuada al primer intento.

La primera casa que veas puede ser la perfecta para ti y tu familia, así que merece la pena tenerlo en cuenta. Quizá quieras saber más sobre el vecindario. Pásate por la Cámara de Comercio y recoge folletos promocionales sobre la comunidad. Llévatelo a casa y léelo detenidamente, para que puedas tomar una decisión informada con tu familia o con quienquiera que intervenga en el proceso de compra. Incluso podrías visitar a algunos de los residentes de la zona y entablar amistad con ellos. Hazles saber que estás pensando en mudarte a la zona y escucha atentamente sus consejos. Si la casa que ves no es la adecuada para ti, la información que recopiles te seguirá siendo útil en tu búsqueda. Mientras estés con los propietarios y hayas entablado una relación con ellos, no olvides preguntarles nombres de personas que conozcan y que puedan estar interesadas en vender. Diles que pagarás una comisión de corredor de $100 dólares a cualquiera que te proporcione información que te lleve a un contrato. No hay nada malo en ello; creo que estarían más dispuestos y cooperarían más para ayudarte a encontrar un hogar. Si haces suficientes preguntas y preguntas adecuadas, obtendrás todo tipo de información. Creo que saber hablar con la gente es el ingrediente más importante para tener éxito en todo este proceso. Algunas personas son realmente amables, y conocerás a algunas mientras viajas por la ciudad o por el país.

Cosas que debes tener en cuenta al comprar una casa

Si es la primera vivienda que pretendes comprar, hay algunas cosas que quizá quieras tener en cuenta. Antes de empezar a comprar, te sería útil empezar a tomar algunas notas. Puede que no recuerdes las cosas que debes buscar, pero si haces una lista, podrás llevártela contigo y, mientras recorres las casas, tendrás tu lista de comprobación contigo para echar un vistazo. Así que no tengas miedo, tómate tu tiempo y comprueba los objetos de uno en uno, y cuando termines de buscar, descubrirás que estás más satisfecho, porque has hecho un trabajo más minucioso que si no hubieras hecho una lista.

Me gusta la lista de comprobación porque hay muchas cosas en las que fijarse al comprar una casa. Nunca recordarás todo, así que no dependas de tu memoria, a menos que tengas una computadora en el cerebro. Lo que ocurrirá es que cuando llegues a casa te harás muchas preguntas como: ¿He visto un lavavajillas, o había aire acondicionado en el dormitorio? Recuerdo que fui a enseñar un piso en venta. Yo no era el agente de ventas. La compradora vio el piso una o dos veces y quedó satisfecha, así que me dijo que le gustaría comprarlo. Llegamos al contrato y luego al cierre. Al finalizar la venta preguntó por el aparato de aire acondicionado y le pregunté a qué aparato de aire acondicionado se refería, su respuesta fue, al del salón. Le expliqué que no había aire acondicionado. Su respuesta fue, "pensé que vi un aparato de aire acondicionado y me gustaría tenerlo". Esta situación se ha producido muchas veces en distintas ocasiones y no quiero que te ocurra a ti.

Como futuro propietario, ahora tienes una idea clara de lo que quieres en tu nueva casa para ti y tu familia. Por lo tanto, no puedo insistir lo suficiente en la importancia de no enredarse en detalles innecesarios. Aunque haya muchas cosas con las que aún no estés familiarizado, es importante que no les des demasiada importancia. Por ejemplo, al comprar tu primera casa, puede que una piscina no sea una característica necesaria, así que no te centres demasiado en ella. Del mismo modo, una chimenea puede estar bien, pero ¿es realmente esencial para tu primera experiencia como propietario de una vivienda? Mi consejo es que des prioridad a las necesidades básicas que son esenciales para tu vida diaria y dejes de lado las características menos importantes. Es importante centrarse en lo que realmente importa para ti y tu familia a diario.

Como futuro propietario, es importante que te protejas comprobando a fondo todos los sistemas y aparatos de la casa. Asegúrate de encender todos los interruptores de la luz, los grifos y comprobar la presión del agua. Prueba la ducha, tira de la cadena del baño, enciende la caldera y el aire acondicionado para asegurarte de que funcionan correctamente. De este modo, sabrás por adelantado si hay algún problema y podrás resolverlo antes de finalizar la venta. También es importante que tomes nota de cualquier deficiencia e informes a tu agente inmobiliario, que puede transmitir la información a tu abogado para asegurarse de que te compensan por las reparaciones necesarias antes del cierre o solicitar que se hagan antes de que se produzca el cierre de la propiedad.

Detectar defectos

Buscar defectos puede ser costoso, por lo que te aconsejo que contrates a un inspector antes de comprometerte a comprar tu casa. De este modo, puedes evitar una gran factura por reparaciones después de mudarte. Además, si sabes qué buscar, es posible que puedas identificar problemas durante la primera visita, lo que te ahorrará tiempo y dinero en un segundo viaje e inspección. Te animo a que inspecciones tu posible casa antes de comprometerte a comprarla, para evitar costosas reparaciones después de mudarte. Contratando a un inspector antes de comprometerte, también puedes identificar problemas en tu primera visita, ahorrándote tiempo y dinero al evitar un segundo viaje e inspección.

Un problema estructural importante en una vivienda puede causar grandes problemas durante el proceso de compra. Para protegerte de esas sorpresas, te recomiendo que contrates a un inspector de viviendas competente. Además, te animo a que busques tú mismo los defectos evidentes. Cuando hablo de defectos graves, me refiero a problemas como un tejado descolgado, tejas que faltan y daños por agua, que pueden ser costosos de arreglar. Presta atención a las manchas de agua, pues pueden indicar fugas. Aunque a veces estas manchas pueden arreglarse, es importante preguntar por ellas. Preguntar sobre posibles problemas no te costará nada, pero no hacerlo puede salirte caro a largo plazo. Por tanto, siempre es buena idea preguntar.

Es importante recordar que no estás comprando una casa nueva, por lo que puede ser necesario hacer reparaciones. Sin embargo, te sugiero que te centres en pequeñas reparaciones que no te cuesten mucho dinero. No te estreses por cosas como agujeros en la pared, puertas sueltas o sin cerrar, pintura o baldosas agrietadas que haya que arreglar. Son problemas habituales en cualquier hogar. Mi consejo es que no dejes que estos pequeños detalles perturben la venta, ya que pueden corregirse fácil y económicamente. Pero, si no estás seguro de cómo afrontar estas pequeñas reparaciones, lo mejor es que alguien inspeccione la casa antes de firmar ningún papel. Esto es lo que puedes hacer: Pide a tu agente inmobiliario que concierte una visita a la casa con el propietario. Una vez que tengas fecha y hora, ponte en contacto con alguien que sepas que puede hacer el trabajo o pide a un propietario que te recomiende a alguien. Una vez que tengas un profesional, hazle saber que pronto finalizarás la compra de la casa y que te gustaría que hiciera algún trabajo después de finalizarla. Es importante que un profesional inspeccione la casa y dé una estimación de las reparaciones necesarias antes de tomar la decisión de comprar una propiedad. De este modo, puedes tener los fondos listos para pagar las reparaciones en cuanto se hagan. Puedes pedir al profesional que vaya a la casa con tu agente y le muestre las reparaciones que hay que hacer. De este modo, sabrás inmediatamente el precio de las reparaciones y podrás tomar una decisión informada sobre la compra de la propiedad. Si ya has hecho una oferta, puedes pedir que se ajuste el precio en función de la estimación del coste de reparación. Si aún no has hecho una oferta, puedes hacerlo de forma inteligente, teniendo en cuenta el coste de las reparaciones. Puedes restar el coste de la reparación de la oferta que piensas presentar.

Consejos para buscar vivienda

Cuando estés listo para buscar una casa para ti y tu familia, ten en cuenta que podría ser el lugar en el que vivan el resto de su vida. Antes de empezar a buscar casa, es importante tener una carta de precalificación de un banco. Esta carta indicará tu trabajo e ingresos, tu solvencia, la tasa de interés seleccionado, el tipo de préstamo y la cantidad de dinero en efectivo disponible para la cuota inicial y el coste del cierre, entre otros factores que puedan haber surgido.

El coste de cierre es el dinero necesario en el momento de finalizar la venta, cuando tomarás posesión de la propiedad. Se utiliza para pagar varias facturas en tu nombre en el momento del cierre. ¿Puedo evitar pagar los gastos de cierre? ¿Tengo que pagarlo? ¿Para qué sirve? Debes pagar los gastos de cierre. Los gastos de cierre y la cuota inicial serán la cantidad total de dinero que necesitas tener al comprar una casa. Tu agente hipotecario te proporcionará una evaluación completa de los fondos que necesitas, por lo que no hay necesidad de adivinar o estimar la cantidad necesaria para comprar una casa o lo que puedes permitirte. La carta de tu prestamista indicará la cantidad que puedes comprar; esta cantidad puede ser mayor o menor de lo que habías previsto. Esta será la base que utilizará tu agente inmobiliario para mostrarte casas que se ajusten a tu presupuesto.

Un punto importante que hay que tener en cuenta al ver una propiedad es que todas las personas involucradas en el proceso de toma de decisiones deben estar presentes. Es una medida inteligente que puede evitar posibles discusiones en el futuro. Cuando todos los compradores potenciales ven la casa y toman decisiones juntos, hay menos probabilidades de discutir sobre qué características deben o no incluirse. Cada posible comprador visitante puede realizar su propia observación, lo que permite una visión más completa de la propiedad. Este proceso debe ser un esfuerzo conjunto, manejado colectivamente para evitar cualquier culpa o señalamiento después de finalizar la venta. Es un paso valioso y debe abordarse con sabiduría y alegría. Al final, tanto los agentes inmobiliarios como los compradores deben quedar satisfechos. Muchos compradores se sienten abrumados durante su primera visita a la oficina de un agente inmobiliario antes de que comience el proceso de compra de una vivienda. Es beneficioso hacer tantas preguntas como sea posible durante esta fase. También es útil hablar de lo que tienes en mente, ya que puede afectar la importancia de la propiedad para ti. No importa quién seas, debes aprender a pasar a la acción y conseguir lo que deseas. Tú eres quien determina la acción necesaria para alcanzar tus objetivos. No hay mejor momento para empezar que ahora. Este podría ser el comienzo de tu educación inmobiliaria. Los agentes inmobiliarios no ven ninguna pregunta como una tontería, sino como una oportunidad para aprender. Si no les preguntas, supondrán que ya sabes la respuesta.

El proceso de tomar decisiones

El proceso de tomar decisiones hay que tomarlo con prudencia, y no olvidaré subrayar la importancia que este proceso conlleva. Digo esto para recordar a todos que no tengan prisa en tomar la decisión de comprar una vivienda. Hay una cosa que no puedes pasar por alto y es la ubicación. Hay un eslogan inmobiliario que dice, "ubicación, ubicación, ubicación"; el eslogan sigue siendo cierto hoy en día. La ubicación es muy importante. Ubicación significa dónde está situada la propiedad. Tal vez quieras investigar cosas como las escuelas de la zona. ¿A qué distancia quieres vivir de una escuela? ¿Qué hay de las iglesias del área, si eres una persona de iglesia, que espero que lo seas? Fíjate en las actividades que tienen lugar en el vecindario. Es posible que sea una buena propiedad, pero la ubicación puede no tener mucho encanto. ¿A qué distancia está la propiedad de tu lugar de trabajo? Debes decidir la distancia que estás dispuesto a recorrer para ir y volver del trabajo. Conocí a una pareja que compró su casa y, después de mudarse, empezó a quejarse de lo lejos que tiene que desplazarse para ir a trabajar. No pensaban volver a trabajar después de finalizar la compra de la propiedad, pero tras descubrir que sus fondos se habían agotado, se dieron cuenta de que tenían que volver a trabajar. No dejes que esto te ocurra a ti. Quizá te preguntes por qué la ubicación es tan crucial en la compra de una vivienda, la respuesta es que hay mucho dinero en juego, y no quieres gastarlo hoy y arrepentirte mañana, por eso se recalca la palabra ubicación.

Nadie entra en el sector inmobiliario para perder dinero; todo el mundo compra bienes raíces con la esperanza de ganar más dinero, ya sea comprando una casa para vivir o para alquilar. Nadie va a comprar una casa por cien mil dólares ($100,000) y unos meses después pone esa propiedad a la venta y pide setenta y cinco mil dólares ($75,000). Esto sería peor que el hombre al que Jesús le dio un talento, cavó la tierra y escondió el dinero del Señor en vez de invertirlo para poder sacar más dinero, sacó lo mismo que le dieron. Por supuesto, las observaciones de Jesús fueron "siervo ligero", lo que significa que no era sabio. Compramos bienes raíces para ganar dinero, y tú también deberías hacerlo. Después de todo lo que he visto en el negocio inmobiliario, he decidido escribir este libro y compartirlo contigo, con la esperanza de que lo aproveches y evites cometer los mismos errores que he visto cometer a otros. También vendré pronto a hablar con los compradores, porque hay algunas cosas que quiero compartir contigo. Voy a hablarte de la venta de tu propiedad, pero eso lo verás en la última parte de mis escritos a los vendedores. Una vez que finalices la compra de tu casa, tu vida continuará con más gastos a mano, y estos no serán sorpresas. La hipoteca tendrá que pagarse con todas las demás facturas que conlleva la compra de una casa, así que asegúrate de que estás preparado. Una vez más, hablamos de ubicación, y otro factor que debes tener en cuenta es asegurarte de que la propiedad que estás mirando no se encuentra en un estanque. Puede ser un factor importante para tu inversión. Ya sabes lo que va a pasar cuando llueva. Si no tienes automóvil y estás pensando en utilizar el transporte público, fíjate en la accesibilidad al transporte público. Son decisiones que hay que tomar. Deben hacerse antes de que realices la compra e involucrando las partes adecuadas. Es imprescindible incorporar todas las ideas y pensamientos para que tu empresa sea agradable y placentera. Te animo a que no hagas ciertas cosas y arrepentirte. Lo que hago aquí es animarte a pensar antes de actuar. Este libro les abrirá los ojos a quienes estén pensando en aventuraros a ser propietarios de su propia casa. No estoy aquí para asustarte, sino que quiero que seas una persona informada, que tenga algún conocimiento de aquello en lo que se está metiendo. Te animo a que seas un comprador bien informado, tanto si recurres a un agente inmobiliario como si lo haces por tu cuenta.

Los bienes raíces son fundamentales para la existencia humana. Cada vez es más difícil ser propietario de una vivienda, debido a la escalada de precios del mercado inmobiliario. Estaremos de acuerdo en que la posibilidad de ser propietario de una vivienda es cada vez más difícil, piénsalo. Cuando hayas examinado el mercado inmobiliario, lo comprobarás por ti mismo. Una cosa que siempre me ha gustado de la inmobiliaria es que realmente conduce a resultados en los que todos salen ganando, es decir, la transacción inmobiliaria es beneficiosa para todos los involucrados. Gana la persona que compra la vivienda, gana la persona que la vende, gana el agente inmobiliario, gana el banco y así sucesivamente. Dondequiera que participes te convertirás en un ganador. Comprar una casa puede seguir siendo una decisión acertada, pero los posibles compradores deben examinar el mercado con detenimiento antes de pisar en él. En este mercado, tanto compradores como vendedores necesitan estar informados por expertos del sector inmobiliario. No debes ignorar tus pensamientos y consideraciones sólo porque el sector sea complejo, con distintas leyes que hay que cumplir.

¿Debo comprar o alquilar?

La cuestión de si comprar o alquilar una vivienda se la plantean con frecuencia muchos futuros compradores. No estoy seguro de quién tiene la respuesta correcta o quién puede proporcionarla. Sin embargo, después de leer este pequeño libro, estarás bien informado y podrás tomar una decisión informada sobre la compra de una vivienda. En última instancia, el factor más importante es tu situación personal y quién eres tú a la hora de plantearte ser propietario de una vivienda. Muchos compradores de vivienda por primera vez pueden encontrar dificultades y tener dudas durante el proceso de compra de una vivienda, lo que les lleva a preguntarse si deben continuar o no. No sé si esto justifica en última instancia la decisión de abandonar el proceso de adquisición de una vivienda.

Las transacciones inmobiliarias pueden ser complejas si no estás familiarizado con el proceso, por eso recomiendo buscar la ayuda de un experto, como un agente inmobiliario, como comprador de vivienda por primera vez. La compra de una vivienda es probablemente la mayor inversión financiera que harás en tu vida. Debido a su elevado precio, muchas personas no pueden realizar esta compra. Al no estar familiarizados con el proceso, puede resultar desalentador y tedioso.

Un profesional con experiencia para guiarte en el proceso puede reunir un equipo para completar la transacción antes de que surjan complicaciones. Al considerar la decisión de comprar o alquilar, hay ciertos factores que deben tenerse en cuenta.

No importa qué perspectiva adoptes, a menos que hayas sido propietario de una vivienda, no puedes comprender plenamente el otro lado. Si has sido propietario, probablemente entiendes lo que es pagar un alquiler, y por eso te convertiste en propietario. Si nunca has comprado un inmueble, puede que no entiendas lo que digo. Por eso te sugiero que conciertes una cita para discutirlo más a fondo. En mi opinión, todo el mundo necesita un lugar al que llamar hogar, sobre todo si eres familiar o piensas tener una familia. Un lugar donde puedes ir a llorar o a alegrarte, sea cual sea la situación. Pensar en mudarte cada año o cada seis meses puede ayudarte a decidir si debes de alquilar o comprar una casa. No es una decisión difícil de tomar, es una decisión práctica. Como he dicho antes, mudarte con frecuencia puede ayudarte a decidir si debes de alquilar o comprar es una opción mejor para ti. No tienes muchas opciones, o necesitas una casa o no la necesitas. Las obligaciones familiares también desempeñan un papel importante en la decisión de comprar una vivienda.

Puedes optar por alquilar una propiedad, lo que requiere un tiempo y un compromiso financiero mínimos. Puedes optar por comprar una vivienda unifamiliar, asumiendo responsabilidades de mantenimiento y una hipoteca. Alternativamente, podrías hacer una compra más pequeña, como un condominio o una cooperativa. Tu decisión debe basarse en lo que te haga sentir más cómodo. Destaco los pros y los contras de las distintas opciones que tienes a tu disposición. En última instancia, tu elección de residencia depende de ti, pero quiero asegurarme de que tomas la mejor decisión para tu próximo paso inmobiliario.

A veces, hacemos preguntas aunque ya conocemos las respuestas, pero no aplicamos las soluciones para resolver el problema. Como agente inmobiliario, me he encontrado con muchas personas que acuden a mí en busca de un piso de alquiler, algunas de las cuales se han mudado tres veces en un año. ¿Por qué una persona así no se plantearía comprar una casa si puede permitirse mudarse tres veces en un año? En este caso, la propiedad es mejor opción que el alquiler. Quiero que mis lectores tomen decisiones basadas en una cosa: el provecho que podrían sacar. En este caso, comprar una casa te da la tranquilidad de que no tendrás que mudarte pronto. Esto sólo es posible si eres un candidato adecuado para ser propietario de una vivienda. Antes de dar un paso, te sugiero que te examines primero a ti mismo para determinar qué opción es la mejor para ti.

Como cabe esperar, la tasa de adquisición de vivienda de cierto grupo ha disminuido significativamente. Sin embargo, te animo a que no te dejes influir por las estadísticas o la opinión popular. Todo el mundo necesita un lugar donde vivir, así que ¿por qué no ser propietario del castillo en el que resides? Tras haberlo pensado detenidamente, me he dado cuenta de que ser propietario de una vivienda tiene sus ventajas. Los conocimientos y la experiencia adquiridos serán valiosos, y las recompensas económicas serán sustanciales. Además, ser propietario de una vivienda aporta tranquilidad, la seguridad de que el techo sobre tu cabeza es tuyo y estará ahí en todo momento sin interrupciones no deseadas.

Cuando te vayas a trabajar, no tendrás que preocuparte de volver a casa y encontrarte una notificación de desahucio porque a tu arrendador ya no le gustas por una razón desconocida y quiere que te vayas. Creo que esta es una razón suficiente para querer ser propietario de tu vivienda en lugar de alquilarla. Ser propietario de una vivienda es una inversión inteligente para ti, con un valor que aumenta con el tiempo. La vivienda que compres hoy valdrá más mañana. ¿La idea de que tu dinero aumente tiene sentido para ti? Si es así, la decisión de poseer una vivienda es clara y nítida.

Podía recordar a los dieciocho años cuando tuve mi primera casa. No cuestioné a nadie ni a mí mismo si debía o no poseer el techo sobre mi cabeza o si debía alquilarlo. El sentido común me decía que esa era la elección inteligente. ¿Por qué a los dieciocho años? Sé que necesitaba un lugar al que llamar hogar y un techo permanente sobre mi cabeza, no uno temporal. Sabía que iba a tener una familia y que sería mi responsabilidad asegurarles un hogar donde vivir. Sabía que procrastinar no me serviría de nada, así que seguí adelante e hice lo que creía mejor, "me convertí en propietario de una casa". Dejé de pensar y di un paso importante. Ser propietario de tu casa tiene algún significado y nunca lo sabrás hasta que ocurra. A menos que tengas el deseo de ser propietario de una vivienda, no te esforzarás por serlo.

Cuando hablo de la propiedad de la vivienda, no estoy diciendo que tengas que ir a comprar algo que no puedes permitirte. Si no sabes qué hacer o cuándo empezar a pensar en la propiedad, lo que debes hacer es reunirte con un profesional inmobiliario, y para cuando haya terminado contigo, no te quedará ninguna duda. No es necesario que tengas una casa grande para la primera casa, sino que empieces poco a poco. Cuando digo pequeño, quiero decir que puede ser con un condominio, o algunas personas empiezan con una cooperativa. Si aprendes a convertirte en propietario, ¿sabes qué? Vas a continuar hasta que poseas toda la cuadra. La propiedad tiene que empezar en algún lugar y en algún momento, así que por qué no dejar que empiece contigo. No hay nada que perder, salvo a tu dinero duramente ganado parando en las manos de alguien que es mejor pensador que tú. (un propietario)

Hay algunas cosas que debes saber sobre la propiedad. Te da la tranquilidad de no tener que mudarte mañana. Te conviertes en el dueño de tu castillo, todo el mundo está orgulloso y eso es lo que se llama acumular capital en tu casa, y el capital es capital neto que significa dinero, para los que no sepan lo que es el capital. Aún no te he dicho de qué se trata, pero lo haré en breve. Por lo que he dicho hasta ahora, ¿por qué no querrías comprar una casa sabiendo que es tuya y que puedes vivir en ella mientras pagues la hipoteca? Sabes que si no pagas, o no estás dispuesto a pagar, tendrás que mudarte cuando intervenga el banco, así que asegúrate de pagar, ese es mi consejo para ti.

¿Por qué alquilar cuando puedes comprar? Ésta es una pregunta que se hacen con frecuencia los agentes inmobiliarios. Para los que alquilan, sé que cuando lean este libro encontrarán al agente inmobiliario de su vecindario. Alquilas sólo porque no sabes que hay algo mejor que alquilar, pero ahora tus pensamientos han cambiado, y sabrás hacer mejor que eso, y en consecuencia mejorarás tu situación. No quieres mudarte dos veces al año, o cuando suben el alquiler tanto, y sobre todo cuando ves lo que pasa con tu dinero. Tienes una familia de una niña y un niño; necesitas un piso de alquiler de tres habitaciones. Seamos conservadores, ya que no sé en qué parte del país vives. Una vivienda de tres habitaciones podría costarte $1,000 mensualmente. En algunos lugares puede que sea menos, mientras que en otros es más, por lo que ahora mismo nos perdimos en detalles. Pagando $1,000 de alquiler al mes, un año equivaldría a $12,000, y digamos que vives allí cinco años, mi cálculo me da $60,000 que sumarían sesenta recibos que te tendrás que llevar como recuerdos desagradables, o tirar a la basura, si es cierto que no habrá aumento de alquiler durante cinco años, si pudieras encontrar un arrendador que no cambia el alquiler. Todos estos recibos que has reunido, sencillamente no tienen ningún valor, así que ahora sopesas si alquilar equivale a comprar tu propia casa. Si estuvieras diseñado para pensar racionalmente, el concepto de propiedad de la vivienda sería evidente, ya que es un principio fundamental de la economía. Fíjate, hay muchas cosas que sabemos pero no las ponemos en práctica, lo que resulta muy costoso con el paso del tiempo. Procrastinamos mientras el tiempo pasa, sin darnos cuenta de que el tiempo no espera a nadie, y mientras esperamos, estamos perdiendo dinero, así que ¿para qué esperar? Hay más que perder en la espera que hay que ganar, así que toma las riendas de tu destino.

A medida que escasea el suelo urbanizable disponible, es importante recordar que el tiempo es un recurso limitado. Hay personas miopes que afirman que hay tiempo de sobra para perseguir los objetivos que tenga uno, pero habrá que actuar en contra de aquella actitud imprudente porque "el tiempo no espera a nadie". Párate a pensarlo un momento. Si alguna vez has visto un edificio antiguo de cualquier tipo, te darás cuenta de que tarde o temprano alguien tomará esa vieja propiedad destartalada y la restaurará. Tenemos que aprender a restaurar las cosas que tienen demanda, y en este caso, nos referimos a los bienes raíces. Lo que estoy diciendo aquí es que, a lo largo de los años no has visto la importancia de ser propietario de tu vivienda, o de invertir en bienes raíces, no has adoptado una actitud positiva, sino más bien la de procrastinador, en lugar de aprovechar las oportunidades cuando se presentan. La tierra no está aumentando, mira a tu alrededor, verás lo que está aumentando, en caso de que no estés leyendo tus periódicos, o no estés viendo las noticias nocturnas. Estas fuentes proporcionan la información vital necesaria para ponernos al día de los acontecimientos que nos rodean. Por si no lo has visto o leído, te lo cuento. Ya te lo he dicho, cada día hay más y más personas que se suman a la tierra moderna. Llamamos a esto crecimiento de la población mientras la tierra sigue igual, lo que esto significa es que un día alguien se quedará sin un lugar donde vivir. No te quedes corto, la oportunidad no espera a nadie.

Cuando hablamos de comprar frente a alquilar, cada persona tendrá sus propias ideas. Alquilar puede ser más barato si se mira a corto plazo. Ser propietario de tu propia casa tiene más ventajas a largo plazo, a medida que sigas leyendo te darás cuenta de ello. Si nos fijamos en esto de forma individual, sabrás lo que te hace sentir cómodo. Es posible que la afirmación a la que nos referimos tenga algo de verdad, pero es importante ser consciente de no caer en patrones de autocomplacencia o en acciones que no tengan un resultado positivo. Merece la pena evaluar si las cosas que estamos haciendo son realmente beneficiosas y tienen sentido. La mayoría de mis lectores estarán de acuerdo conmigo. Si pudiera hacer mi valoración personal al respecto, deberíamos fijarnos en las ventajas e inconvenientes que se relacionan con la condición de ser propietario para ti y tu familia.

Cuando puedas distinguir clara y honradamente las ventajas de los inconvenientes, eso marcará un mundo de diferencia, podrás determinar si ser propietario de una vivienda es una opción viable para ti. Llegados a este punto, deberías estar bien encaminado para planificar cuidadosamente y considerar detenidamente lo que deberías hacer para adquirir tu primera propiedad. Una vez que hayas entendido el proceso, te será mucho más fácil entrar en el sector, así que puedes familiarizarte con el proceso. He visto a muchos compradores potenciales que quieren tener su primera casa, pero les da miedo dar el primer paso, pero recuerda, sin dar los pasos iniciales, será imposible alcanzar el objetivo final. No hay razón para tener miedo, ya que ahorrar dinero y acumular capital inmobiliario a través de una inversión puede conducir a la seguridad y estabilidad financieras para ti y tu familia.

¿Qué es el capital inmobiliario?

Muchas veces hemos oído mencionar la palabra capital, pero ¿qué es el capital en este contexto? ¿Todos tienen capital inmobiliario? La respuesta es claramente NO. Para que alguien tenga este tipo capital, es decir, capital inmobiliario, tiene que ser propietario de una vivienda. Un día sonó mi teléfono, cuando lo contesté, había una señora al otro lado de la línea. Me preguntó, "¿cómo puedo utilizar mi capital inmobiliario?". Le pregunté, "¿dónde está tu casa?". Su respuesta fue, "no tengo casa". Lo siento pero no tienes capital inmobiliario. Para que alguien lo tenga tiene que poseer una propiedad. Tienes que ser propietario de una vivienda. El capital se obtiene mediante la adquisición de una propiedad. Por ejemplo, compraste una propiedad hace dos años por ciento cincuenta mil dólares. Hoy la propiedad vale cuatrocientos mil dólares. Lo que ocurrió fue que la propiedad subió de valor doscientos cincuenta mil dólares. Estos doscientos cincuenta mil dólares están en la propiedad, puedes ir a una institución crediticia y decirles que tienes una casa que vale cuatrocientos mil dólares, a cambio, te van a preguntar, ¿cuánto se debe por la propiedad? La cantidad que se adeude determinará el capital que haya para ti. A menos que saques ese capital de la propiedad en forma de efectivo, permanecerá ahí hasta que vendas la propiedad. Cuando el capital permanece en una propiedad, no estás plenamente utilizando su potencial. Puedes utilizar este dinero restante en cualquier cosa que elijas, ya sea comprar un automóvil nuevo o irte de vacaciones. Aún queda una cosa inteligente por hacer. Mira lo que va a ocurrir en esta fórmula. Hay doscientos cincuenta mil dólares guardados en tu casa. Toma doscientos mil dólares en forma de capital de la vivienda. Ese dinero puede utilizarse para comprar otras dos viviendas.

Cien mil por propiedad, ahora, eres propietario de tres propiedades. Porque el precio de los bienes raíces sube cada mes o digamos cada seis meses. La primera vivienda que tuviste ascendió a la friolera de cuatrocientos cincuenta mil dólares. Las dos segundas viviendas subieron también a trescientos cincuenta mil dólares. Ahora pasemos del valor de tu propiedad, $450,000 de tu primera vivienda, a la compra de una segunda vivienda con un capital de $350,000 más $350,000, lo que te da un total de más de $1.1 millones en dos inversiones inteligentes. Ahora veamos cuánto dinero invertiste en total. La primera casa la compraste por ciento cincuenta mil dólares. Las otras dos viviendas las compraste por cien mil cada una, digamos que hubo reparaciones por un total de ciento cincuenta mil dólares, aún quedan seiscientos mil dólares en tu bolsillo. Aunque todo esto no ocurrió de la noche a la mañana, podrías darte, digamos, cinco años más, porque necesitas aprender y saber cuándo actuar. Qué maravillosa ventaja que atesora la propiedad de una vivienda. Así que ¿por qué no querrías ser propietario de tu casa y dejar de pagar alquiler? Yo llamo a esto "la vaca lechera". Si este patrón se repitiera unas cuantas veces, el resultado sería astronómico. Por eso dijimos que el conocimiento es poder y, si se utiliza, traerá cambios tremendos. Una vez realizadas las mejoras necesarias en una propiedad seguirá acumulando el capital que necesitas para sobresalir y crear riqueza. Demasiadas veces la gente piensa que habrá que saber algún tipo de magia para abundantemente sacar provecho del sector inmobiliario. No hay magia ni misterio. Los bienes raíces son lo que tú haces que sean. Lo que pones, es lo que sacarás de ello. Como dijo Shakespeare: "La vida es lo que tú haces que sea". Lo creas o no, este capital neto creado en tu casa genera una situación en la que todos salen ganando. A los prestamistas les encanta, y los propietarios están contentos, porque ganan dinero.

Comprando una casa nueva

Puede que te estés plan-
teando comprar una casa
nueva, no hay nada malo
en comprar una casa
nueva si te lo puedes permitir, como sabes una
casa nueva puede ser un 
poco más cara que una casa más antigua. Si estás pensando
en comprarte una casa nueva, aquí tienes algunos consejos
que debes tener en cuenta: debes investigar a fondo al
constructor. Puedes llamar a la oficina local de asuntos del
consumidor o a la división de vivienda de tu condado, así
como al "Better Business Bureau" en inglés, la Oficina de
Buenas Prácticas Comerciales, para ver si se ha presentado
alguna queja contra el constructor y, en caso afirmativo,
cómo resolvió el constructor el problema.

Una cosa que hay que tener en cuenta es que no todos
los consumidores o compradores presentan reclamaciones.
Habría que visitar las distintas comunidades donde la empresa haya construido viviendas recientemente, cuanto
más cerca esté la comunidad de donde quieres construir tu
casa mejor, esas son las que deberían interesarte. Quieres
asegurarte de que hay alguien en casa con quien hablar, así
que elige tu momento para hacer estas visitas. Te recomendaría que fueras un sábado por la mañana, cuando sabes
que la mayoría de la gente está en casa, y puede que estén
haciendo un poco de jardinería, o estarán fuera, así que los
verás. Pregunta aleatoriamente a la gente cuál fue su experiencia con su constructor. Te lo dirán, aunque al principio
algunos se muestren algo curiosos, queriendo saber por
qué les haces esa pregunta, pero no tengas miedo de decirles que estás pensando en mudarte al vecindario y que

buscas un constructor para construir tu casa. Cuando se lo expliques, claramente habrá una progresión lógica y las personas con las que hables te proporcionarán la información solicitada. Cuando estés satisfecho y decidido sobre el constructor que vas a utilizar, entonces debes llegar a un acuerdo con el constructor.

Recuerda leer atentamente tu contrato, si hay cláusulas que no te gustan o no entiendes, no las pases por alto ni des por sentado que está bien, consulta a alguien que sepa más o enséñaselo a tu abogado. Puede que tu constructor intente convencerte de que puedes firmar, que es un contrato estándar, pero no des nada por sentado. Donde haya dudas, compruébalo. No te equivoques, si hay cosas en el contrato que no te gustan, indícaselas al constructor. Es posible que se pueda renegociar y se pueda cambiar. Lo único que importa es que ambas partes del contrato estén de acuerdo con los cambios.

Recuerdo haber leído un artículo escrito por un famoso abogado que dice, "Si no consigues negociar un contrato, qué vergüenza de ti". Algunos constructores pueden querer quitar prácticamente todos los derechos legales importantes que un comprador de vivienda desearía tener. Deberías asegurarte de que te dan lo que pides por escrito, no te hará ningún daño. Comprar una casa nueva tiene muchas ventajas. Tendrás la garantía del constructor, sin mantenimiento de cinco a diez años. Seguro que podrás disfrutar de tu casa durante mucho tiempo sin necesidad de mantenimiento, pero puede que tengas que pagar un precio un poco más alto. Esto no te impide pedir lo que quieres. Es mejor que pidas y no te lo den, que saber que habrías conseguido algún tipo de oferta buena, sólo si hubieras preguntado. "Qué vergüenza de ti si no pides", he visto a muchas personas perder mucho en sus transacciones sólo porque no pidieron lo que querían. No caigas en esa categoría. Recuerda, "qué vergüenza de ti si no preguntas".

Sé un comprador informado. Es tu responsabilidad obtener la información que necesitas sobre la compra de tu vivienda. Asegúrate de que lo que compras es satisfactorio en todos los aspectos. Tienes derecho a examinar detenidamente tu posible nueva casa con un inspector de viviendas cualificado. Puedes hacerlo antes de la firma del contrato definitivo, siempre que en tu contrato conste que la venta de la vivienda depende de la inspección. Me gustaría informarte de que deberías hacer tu propia inspección de la vivienda. No hay nada que diga que tengas que ir con el inspector que te den.

Siempre que adquieras una propiedad que necesite mejoras, debes tomar medidas para contratar a un buen inspector de viviendas. Esta persona es especialista en inspección de viviendas. Realizará un examen exhaustivo para ti. Su inspección te proporcionará tranquilidad a la hora de mudarte a la casa. Identificará posibles problemas y te informará del estado de la vivienda. Te dará una lista detallada del estado actual, incluidas las instalaciones de la vivienda. Creo que sin un inspector de viviendas profesional, te expones a posibles problemas que podrían evitarse en el futuro. El proceso de compra de una vivienda puede ser complejo y no debe tomarse a la ligera, porque una vez finalizas la compra, estarás tú y tu casa. Recuerda, no puedes marcharte y dejarlo, debes asegurarte de que puedes vivir con la casa durante los años venideros. Mi sugerencia es que gastes $450 para asegurar tu inversión de $350,000; inteligente, ¿no?

Haciendo tu oferta

Si consigues encontrar tu casa, ahora es el momento de presentar tu oferta. Suena aterrador, ¿verdad? En realidad, no mete miedo. Habla del proceso de oferta con tu agente inmobiliario y él se encargará de ello por ti. Si es posible, pide a tu agente que pase algún tiempo contigo para que pueda hablarte del proceso de oferta, cláusula por cláusula. Esto te permitiría comprender plenamente el proceso. Puede haber algunas cuestiones que probablemente te gustaría que tu agente tratara contigo antes de presentar tu oferta. Debes asegurarte de que tu oferta está supeditada a que la propiedad suba a su valor total de venta y a que califiques para un préstamo según lo establecido en el contrato de compraventa. Asegúrate también de que la fecha de posesión de la vivienda está claramente escrita, para que sepas cuándo debes planificar la mudanza a tu nueva casa. Las fechas que están escritas en el contrato pueden cambiar, si te fijas verás que la redacción de tu contrato dice así "el 15 de junio de 2003 o alrededor de esa fecha", lo que significa que la fecha no es definitiva. A veces los bancos pueden tener problemas, un abogado puede estar fuera de la ciudad, o la compañía de títulos puede estar saturada, nunca se sabe lo que puede pasar, ya que es un proceso largo en el que interviene mucha gente. En realidad, nadie puede obligar al otro a respetar la fecha que se mencionó al principio. Por eso escriben "en o sobre" refiriéndose al tiempo. Recuerda que en un contrato puedes cambiar cosas siempre que ambas partes estén de acuerdo.

Sé que tal vez quieras avisar a tu arrendador actual con 30 días de antelación de que te vas a mudar, pero ya que tu arrendador ya compró una casa, conoce y entiende el proceso. Debes dejarles claro que la fecha prevista no es definitiva y no está escrita en piedra. Por tanto, es conveniente que informes a tu arrendador. Tu abogado puede informarte cuándo debes notificárselo al arrendador. Trátale como te gustaría que te trataran a ti, porque ahora eres propietario y quieres que te traten respetuosa y correctamente. Otra cosa que quizá quieras hacer es encargarte de que los servicios públicos se pongan a tu nombre en la nueva casa, pero no te alarmes, te guiarán en el proceso a medida que pase el tiempo. Una vez que estés preparado para hacer la oferta, sé que preguntarás a tu agente los distintos pasos a seguir, como cuánto debes ofrecer, pero déjame decirte que no existe una cantidad estándar que se deba ofrecer por una propiedad. Cada situación es diferente. Es probable que una propiedad con un precio de venta superior al valor de mercado reciba ofertas a un precio inferior al de una propiedad con un precio ajustado al valor de mercado, o con un precio inferior al valor de mercado. Una buena pregunta que puedes hacer a tu agente es "¿cuánto tiempo lleva la propiedad en el mercado? O bien, ¿Cuál es la motivación del vendedor? ¿Está en ejecución hipotecaria o se trata de un traslado de trabajo, o para comprar una casa nueva?" Averigua si el agente conoce alguna venta reciente en la zona en los últimos seis meses en el mismo vecindario con metros cuadrados y dormitorios similares. La determinación del precio correcto de una propiedad se realiza mediante un proceso denominado Análisis Comparativo de Mercado (CMA por sus siglas en inglés). Esto por sí solo te dará una buena indicación del precio final de una propiedad. Otra pregunta que debes hacerte, ¿es un mercado de compradores? No creo que eso te ayude mucho, porque tu agente ya habría hecho un CMA y sabría por cuánto debería haberse vendido la propiedad. ¿Hay otras ofertas sobre la propiedad? Quizá te interese saberlo. Si hay otras ofertas, significa que quizá tengas que acercarte al precio de venta. La excepción es que compres para invertir o para vivir.

53

Aceptando tu oferta

Para que acepten tu oferta, se tendrán en cuenta algunas cosas, como el porcentaje de entrada y los gastos de cierre. A veces la oferta tiene que tener cierto atractivo si quieres que salga adelante. Definitivamente, la excepción a esto es, si hay un comprador en efectivo, él o ella tendrían la primera oportunidad de aceptación. Si  alguien decide no aprovechar una venta cuando paga con efectivo, sería una pena. Esto es cierto al menos que el comprador o los compradores no sepan que tienen más poder adquisitivo pagando con efectivo. He visto que esto ocurre muchas veces. Un comprador en efectivo entrará y dirá "pago en efectivo", así que ofrecerá cincuenta mil por debajo del precio de venta; de nuevo, no diré que no funcione, depende mucho de la situación del vendedor.

Una cosa que sé: las ofertas en efectivo suelen ser más atractivas para los vendedores, ya que es menos probable que fracasen por problemas de financiación y, por tanto, pueden aumentar la probabilidad de que se acepte la oferta. Podría bajar el precio, ¿por qué? El vendedor no tiene que esperar mucho tiempo para finalizar la venta. No tendría que esperar a que el comprador obtuviera una hipoteca de un banco, porque con la venta rápida se conformará con un par de miles menos del precio que pidan. El vendedor aceptará más rápidamente si se trata de una venta en efectivo, lo que significa que tú, el comprador, tienes todo el dinero en tu cuenta y estás listo para finalizar la venta en un plazo de dos semanas, una vez realizado el trámite del título. Es lo que se llama una venta en efectivo. Otra herramienta muy útil es una gran cuota inicial. La mayoría de los vendedores preguntan por la cantidad de la cuota inicial cuando reciben una oferta; cuanto mayor es la cuota inicial, más sólido es el acuerdo, y los vendedores también lo tienen en cuenta, pues quieren saber que una vez que la propiedad se retira del mercado, la venta se sustancia. No digo que esto vaya a ocurrir, pero cuando yo soy el vendedor, pregunto por el crédito. La mayoría de los vendedores lo dejan en manos de la entidad crediticia, pero esta es la razón por la que algunas transacciones no se finalizan como deberían. Si quieres que acepten tu oferta, tienes que dejarla presentable, ¿qué quiero decir con presentable? Una casa se está vendiendo por $250,000 (doscientos cincuenta mil), se hace una oferta por $200,000 con una puntuación crediticia de 560 y un 2.5% de entrada, el comprador está buscando alguna concesión de cierre. Ahora bien sólo un vendedor en una situación financiera difícil estaría dispuesto a aceptar estas condiciones. Esta venta no tiene ningún atractivo y un agente bien informado podría no querer presentar este tipo de oferta, ya que las condiciones no son buenas. Una oferta sobre una propiedad no significa que los vendedores vayan a aceptarla, sino que volverán con lo que se llama una contraoferta, es decir, que si el precio de venta es de $250,000, si has hecho una oferta de $200,000, el vendedor puede volver y decir que aceptará $248,000 o que no bajará del precio de venta de $250,000. Ahora tendrías que decidir si la aceptas por los $250,000 o te vas a buscar otra casa, pero lo que sé es que dependería de cuánto te guste la propiedad y, por supuesto, del estado en que se encuentre.

Una vez que aceptes la contraoferta y el vendedor esté de acuerdo con las condiciones que tu agente ha presentado en tu nombre, tendrán que firmar un contrato. Pero ten en cuenta que el vendedor puede vender la propiedad a otra persona, no hay nada que diga que la propiedad no puede ir a otro comprador, porque técnicamente no hay un acuerdo escrito, porque no hay nada por escrito. Tu agente te guiará en el proceso mientras sigues experimentando el camino de convertirte en propietario.

Oí decir a alguien que un elefante se come de bocado en bocado. Si sigues todos estos pasos y acciones, estarás cada vez más cerca de ser propietario de tu vivienda. Ves que cada paso que has dado te está llevando allí. En otras palabras, estás ganando impulso. Sin embargo, aún queda mucho por hacer, pero lo conseguiremos a medida que avance el tiempo.

Guía del comprador

¡Enhorabuena! Has decidido comprar o estás pensando en comprar tu vivienda.

Te unirás a cientos de familias que se dan cuenta de que la propiedad de la vivienda ofrece una serie de ventajas, como la creación del capital inmobiliario, la estabilidad financiera, la creación de riqueza y la capacidad de generar ingresos. El capital inmobiliario que ganes con tu vivienda aumentará, y es tuyo. A continuación encontrarás información para tomar una decisión de compra acertada. Te llevaremos paso a paso por el proceso de planificación, para ayudarte a determinar si la casa que estás mirando es la adecuada para ti. Encontrarás un montón de información hipotecaria diferente,

y cómo podrías calcular tu propia cuota hipotecaria mensual, incluyendo información sobre cómo hacer y aceptar ofertas. Haz buen uso de la información, ya que te será de gran ayuda en el proceso.

Un comprador debe pasar por alto el desorden de un piso y centrarse en el potencial de una propiedad. Un famoso escritor dijo una vez: "Un producto debe tener polvo para tener valor". Piensa en ello. Unas pequeñas limpiezas o reparaciones podrían ayudarte a obtener una plusvalía sustancial en tu compra. Tanto si compras por primera vez como si lo haces varias veces, tu objetivo es conseguir la mejor oferta posible en el mercado. La razón principal por la que la gente compra bienes raíces es para ganar dinero. Sólo ganarás dinero cuando compres con inteligencia. Intento ayudarte a convertirte en un comprador inteligente señalándote algunos de los aspectos inherentes al proceso de compra de una vivienda. La compra de tu casa debe ser un proceso suave, paso a paso, que no debe ser emocional ni llevar demasiado tiempo.

Me gustaría que todo el mundo evitara los errores más comunes en el proceso de compra, y los que cometen la mayoría de los compradores. Hagas lo que hagas, evita las emociones y confía en tu agente inmobiliario, él es el experto que te ayudará a que el proceso sea lo más rápido y fluido posible. Te lo advierto porque algunos compradores se agobian y se emocionan al comprar su primera vivienda. Siempre que esto ocurra, se pasarán por alto áreas importantes, y sólo se descubrirán cuando sea demasiado tarde. Si tienes un plan sistemático antes de disparar, seguro que evitarás errores costosos. La mayoría de los errores se producen con inquilinos que van a comprar su primera vivienda, sin destacar los distintos factores que deben tenerse en cuenta al comprar dicha vivienda.

En este mercado, tanto compradores como vendedores necesitan estar informados por expertos del sector inmobiliario. Esto requiere reflexiones debido a la complejidad de la industria. Es complejo debido a las diferentes leyes que rigen el mercado. Cuando hablamos de distintas leyes, nos referimos al Servicio de Impuestos Internos (IRS por sus siglas en inglés), al Departamento de Vivienda y Desarrollo Urbano (HUD por sus siglas en inglés), a la Administración Federal de la Vivienda (FHA por sus siglas en inglés), a Asuntos de Veteranos (VA por sus siglas en inglés) y a la Agencia de Protección del Medio Ambiente (EPA también por sus siglas en inglés). El papel del gobierno ha contribuido a regular e influir en el sector inmobiliario. Este sector en su conjunto ha sido la columna vertebral de la economía, si el mercado inmobiliario está mal, naturalmente la economía irá mal, y esto se ha demostrado a lo largo de los años.

Aumenta el valor de tu propiedad

Hay algunas técnicas que los vendedores deben conocer a la hora de vender sus propiedades. Yo recomendaría a los vendedores que hicieran algún tipo de reparaciones, las que estén dentro de los límites y sean razonables. Algunos vendedores hacen cosas que no son necesarias ni razonables. Sería bueno que se hicieran las cosas necesarias en la propiedad antes de que salga al mercado, si se hacen, le asegurará al comprador una oferta más alta y una venta más rápida. No se debe gastar demasiado dinero en mejoras, ya que podrías no recuperar ese dinero. No hace falta que pongas mucho dinero para que se venda, o porque quieras sobrevalorar la propiedad. Sólo tienes que hacer las reparaciones necesarias y darle una buena mano de pintura con un buen color, ¡¡¡no negro!!! Si un propietario invierte mucho dinero en reparaciones antes de vender la vivienda, puede que no recupere todo ese dinero en la venta, lo que se conoce como sobremejora. Por tanto, vendedores, tengan cuidado siempre que vayan a hacer reparaciones en su casa para ponerla en el mercado, buscad la ayuda de un experto si no están seguros de qué hacer.

Hay que pensar bien en el traslado una vez que tu casa esté en el mercado. Tienes que pensar en el coste del traslado, el valor tiene cierta importancia en la venta de tu casa. Tienes que tenerlo claro a la hora de determinar la cantidad de dinero que debes gastar en tu casa antes de ponerla en el mercado. No todo el dinero que se gasta en mejoras mejorará la propiedad y añadirá valor, por ejemplo, construir una piscina no añadirá valor. Es posible que el comprador no quiera piscina. Una vez tuve un caso en el que la propiedad que vendía tenía piscina y el posible comprador no quería piscina. El vendedor quería que se realizara la venta, así que accedió a quitar la piscina. No todas las modificaciones añadirán valor. Un pórtico mal acabado y sin el debido permiso para tenerlo no añadirá valor. Otro buen ejemplo es añadir dos dormitorios a una casa existente de dos dormitorios con un solo cuarto de baño, sin espacio para armarios, sin duda añadirá algunos metros cuadrados, pero poco o ningún valor se añadiría a la propiedad. Si estás pensando en hacer ciertas reparaciones o construcciones adicionales en tu casa, debes consultarlo con el ayuntamiento de la ciudad en la que vives, ellos darán su aprobación para que se realicen las obras. De lo contrario, podría crearte una pesadilla cuando estés listo para ponerlo en el mercado.

No quiero desviarme del tema del aumento del valor de tu propiedad. El aumento del valor de la propiedad tiene que ver con la conformidad de otras viviendas del área. Por ejemplo, si se hace una mejora en una casa que está al lado de una gasolinera o de un cementerio, puede que descubras que has malgastado dinero. Esto se debe a que el coste de mejora que se puso no se recuperará. Puede que la casa tenga buen aspecto, pero su ubicación no justifica la mejora que se le hizo. Hay otros escenarios a considerar cuando se trata de mejorar tu casa.

Aumenta tu puntuación crediticia

Hay mucha gente que no sabe lo que es la puntuación crediticia, ni cómo la afecta a la hora de hacer una compra, ya sea una casa o un automóvil o cualquier cosa que tenga que ver con el crédito. Las puntuaciones de crédito son muy importantes cuando 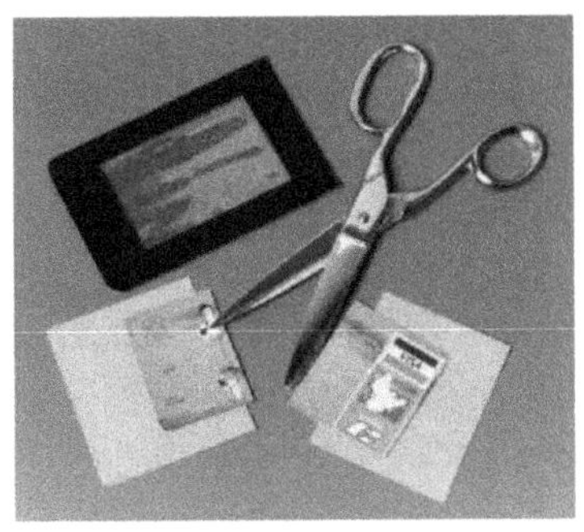 intentas conseguir un préstamo para completar una compra. Quizá quieras saber qué dice de ti tu puntuación crediticia incluso antes de iniciar el proceso de compra. Hay muchos que se preguntan, ¿qué tiene que ver la puntuación crediticia con que yo compre una casa? Una buena puntuación crediticia desempeña un papel importante en el proceso de compra de una vivienda, si el comprador va a obtener un préstamo de una entidad crediticia. Cuando estés pensando en comprar, una buena cosa que puedes hacer es comprobar tu crédito antes para ver qué dice de ti. La razón es que si el crédito es malo, habrá tiempo para corregirlo. Puede que tardes meses en aclararlo, pero haciéndolo con tiempo te dará tiempo suficiente, y no habrá sorpresas, no sólo te adelantarías, también te alegrarás de haberlo hecho.

Otra cosa buena, un comienzo temprano en tu crédito te dará más tiempo para construir tu puntuación crediticia si es necesario. Si no estás a gusto con tu puntuación y quieres mejorarla, puedes hacerlo. Supongamos, por ejemplo, que tu puntuación es de 580 y quieres aumentarla hasta 620, que es lo que aceptan la mayoría de las instituciones crediticias. Si tienes una tarjeta de crédito con $150, otra con $85, y digamos una visa con $300 más un par de pagos atrasados, estas te van a dar una puntuación baja.

Deberías pagar los $85, si es posible, paga los $150, y luego escribe una carta de explicación exponiendo tus situaciones y, por qué te retrasaste hasta cierto punto, ¡¡¡quizás estabas muerto!!! Pero ahora que estás vivo y sano, y quieres pagar tus deudas la empresa se alegrará de recibir la carta, pero siguen queriendo el dinero. Esto te dejaría en una buena posición para aumentar tu puntuación crediticia. Es posible que no puedas pagar todo lo que debes, así que paga los más pequeños. La cantidad total que debías en la tarjeta de crédito sería de $535. Lo que estás haciendo es construir tu puntuación crediticia, de modo que puedas obtener una puntuación más alta para impresionar a tu institución crediticia. Así que, al pagar parte, o todo lo que debías, tu puntuación va a pasar de 580 a digamos 620 o tal vez 680, que sería la puntuación perfecta para obtener una hipoteca. Esto podría reducir significativamente tu cuota mensual y ahorrarte miles de dólares en tu hipoteca a lo largo de los años. Ahora está claro por qué debes examinar tu crédito antes de estar realmente preparado para pedir un préstamo a tu banco. Me gustaría darte un par de consejos para preservar tu crédito cuando entres en tu casa. (1) paga tus facturas a tiempo, los retrasos en los pagos dejan mal sabor de boca y pueden ser muy graves para ti. Intenta evitar demasiadas consultas en tu informe crediticio, las consultas te perjudicarán. (3) No solicites demasiadas tarjetas de crédito a la vez, podrían ahogarte. (4) Reduce el saldo de la tarjeta de crédito tanto como puedas, ¡¡¡una tarjeta de crédito al límite es mala para tu salud!!! No lo hagas. (5) Establece y mantén 3-4 indicadores de buen crédito a tu nombre, cuando los consigas, trátalos bien, ya se amortizarán más adelante.

En los casos en que no puedas comprar por ti mismo, puede que tengas que utilizar un cofirmante. Un cofirmante puede ser un hermano, una hermana, un padre, una madre o incluso un amigo, que tenga trabajo y un crédito bastante decente. El cofirmante tendría que hacer lo mismo que has hecho tú. Comprueba que el crédito tiene un informe bastante decente, que tiene trabajo y que está cualificado de la misma manera que tú. Tu cofirmante no tiene que aportar una cuota inicial, tú eres el propietario de la propiedad; por tanto, la cuota inicial es tu responsabilidad. Si se trata de una empresa conjunta, entonces será algo diferente.

Consejos para propietarios

Para algunas personas, una casa no es sólo un techo, sino también una inversión económica. Los precios de la vivienda no suelen ser tan volátiles como los del mercado bursátil, aunque cada vivienda puede variar en función de las condiciones del mercado local. En los últimos años, las ventas récord de viviendas, junto con la revalorización de su valor y los préstamos con garantía hipotecaria, han contribuido a impulsar las economías norteamericanas.

Según un informe reciente de la Asociación Nacional de Agentes Inmobiliarios de EE.UU., seis de cada diez propietarios tienen más capital acumulado en sus viviendas que la riqueza del mercado bursátil. Las estadísticas muestran que la tasa de propiedad de viviendas en 2004 era del 68%, mientras que sólo el 52% posee acciones. El total de bienes e inversiones relacionados con el funcionamiento del consumo de la vivienda representa alrededor del 23% del producto interior bruto de EE.UU. en el año 2003. Muchos propietarios consideran su vivienda como una inversión inteligente que se revaloriza e incluso prevén un sistema de ahorro automático mediante los pagos de la hipoteca. Un propietario puede acceder al capital neto invertido en su vivienda mediante una línea de crédito o un préstamo sobre el capital de la vivienda. Si puedes permitírtelo, considera la posibilidad de hacer un pago extra sobre el principal de tu préstamo para ayudar a acortar el tiempo que normalmente te llevaría amortizar tu hipoteca de treinta años. Estarías acumulando más capital en tu vivienda en propiedad a medida que realizas esos pagos extra.

Lo básico de hacer una oferta

La base para hacer una oferta es mostrar interés por la propiedad. Hacer la oferta abre la puerta a la negociación con el vendedor y el comprador a través del agente. En la mayoría de los casos, esto se hace por escrito. Una propuesta por escrito es la base de una transacción inmobiliaria. Las promesas verbales no son legalmente exigibles cuando se trata de la venta de bienes raíces. Por tanto, tienes que hacer una propuesta por escrito. La propuesta no sólo especifica el precio, sino también todos los términos y condiciones de la compra. Asegúrate de incluir cualquier concesión verbal, como que el vendedor se ofrezca a ayudarte con $3,000 para los gastos de cierre, en tu oferta y en el contrato final, o puede que no tengas motivos legales para reclamarlos más adelante.

De nuevo, tu agente inmobiliario dispondrá normalmente de una variedad de formularios estándar, entre los que se incluyen el contrato de compraventa de vivienda y otros que se mantienen actualizados con los distintos cambios y leyes. Tus agentes también cuestionarán y pondrán en marcha aquellas cosas que sean necesarias durante el proceso de elaboración del contrato. Recientemente, algunos estados han elaborado leyes de divulgación que el vendedor debe cumplimentar al poner en venta la propiedad. Tu agente inmobiliario te lo presentará, para que le eches un vistazo. Ahora que hay una oferta de aceptación, necesitarás un abogado. Podrías leer este libro una y otra vez, pero hasta que no salgas y adquieras experiencia, no sabrás realmente de qué estoy hablando. A esto lo llamamos experiencia práctica. Esto es sólo el principio de tu viaje inmobiliario. No quiero que pienses que este será el único libro que verás sobre el sector inmobiliario, pero seguro que será el único escrito de esta manera. Si quieres tener éxito, tienes que empezar por algún sitio. Este es tu punto de partida. Es la mayor inversión que harás en tu vida, con ramificaciones financieras a largo plazo. Requiere muchas decisiones informales y el buen asesoramiento de un profesional inmobiliario. Tanto si trabajan con el comprador como con el vendedor, los agentes inmobiliarios se comprometen a dar un trato justo y ético a todas las partes de las transacciones. He aquí algunas formas en las que trabajar con un agente inmobiliario te beneficiará en términos de comodidad, presupuesto y satisfacción general. Pon a prueba a tus agentes inmobiliarios, trabajarán honradamente para ti.

¿POR QUÉ NECESITO UN ABOGADO?

Puede que te hagas la pregunta que muchos otros se han hecho: "¿Realmente necesito un abogado inmobiliario?". Hay cosas que tienes que hacer y que no puedes hacer por ti mismo porque te estás gastando los ingresos de tu vida, deberías contratar a un abogado para que revise lo que estás haciendo. Créeme, no  perderás, sino que ganarás, y te alegrarás de haberlo hecho. Una vez que ambas partes aceptan la oferta, el siguiente paso es redactar un contrato de compraventa y eso debe hacerlo el abogado, aunque en algunos estados, tu agente puede hacer el contrato y luego presentárselo al abogado para que lo revise, pero es mejor dejar a cada especialista en sus áreas. Necesitarás que tu abogado te asesore a medida que avanzas en el proceso de conseguir la propiedad de tus sueños. Tu abogado tiene que comunicarse con el abogado del vendedor y, a veces, con tu entidad financiera. Tiene que hacer el trabajo de titulación, que garantiza que obtienes un buen título de propiedad, por lo que estará trabajando para ti. Una parte muy importante del proceso es la que no entenderás hasta que vayas al cierre, pero con un abogado inmobiliario, no tienes nada de qué preocuparte, así que confía en tu abogado. Sabe lo que hace. Por cierto, si no conoces a un abogado inmobiliario, no tengas miedo de decir que no conoces a ninguno; tu agente conoce a muchos abogados inmobiliarios y podría darte varios entre los que elegir.

El abogado es la persona que velará por ti y por tu dinero y revisará tu contrato. Si no es él quien redacta el contrato, te guiará en el proceso, aunque puede que lo hayas hecho antes con tu agente inmobiliario. El proceso de compra de una vivienda es de tal naturaleza que necesitarás toda la información relevante posible.

Tu abogado se ocupa del título y hará los trámites pertinentes que sean necesarios antes de que vayas al cierre. En otras palabras, te ve a través del cierre. Una vez finalizada la venta, sabrás si te sientes cómodo con ese abogado. Si es así, quizá quieras mantenerlo como tu abogado inmobiliario, ahora eres propietario y puede que necesites un abogado mientras persigues tus sueños inmobiliarios. Este es el viaje inmobiliario que has iniciado, así que mantén a tu abogado a tu lado. Un buen abogado siempre velará por el cliente, así que una vez que encuentres uno debes quedártelo.

Depósito de arras

¿Qué es un depósito de arras? Es una pregunta que se hacen muchos compradores potenciales. Intentaremos dar una explicación de este depósito de arras. Recuerdo que en varias ocasiones acudieron a mí personas diciendo que les gustaría comprar una vivienda. Después de hablar con ellos, me enteré de que tienen una buena intención de comprar, pero no están preparados. La mayoría de los compradores potenciales con los que he hablado están pensando en pedir prestados quince mil dólares ($15,000) o veinte mil dólares ($20,000) para depositarlos en su cuenta de ahorros y utilizarlos como adelanto al comprar una casa.

A todos los compradores potenciales, no funciona así. El depósito de arras es el dinero que se ahorra a lo largo de los años y que ha alcanzado una cantidad considerable para que pueda ser un adelanto para una vivienda. Tu banco querrá ver un patrón de ahorro antes de concederte una hipoteca. No puede haber un depósito de diez mil dólares ($10,000) un mes y otro depósito de diez mil dólares ($10,000) otro mes. Estos grandes depósitos pueden no ser verificables, ni rastreables, pueden desencadenar una investigación. No podrás utilizar estos fondos para comprar una vivienda. No puedes hacer estos grandes depósitos, al mismo tiempo, tienes un trabajo que paga el salario mínimo, o tus ingresos son de quinientos dólares ($500) a la semana. Simplemente no funcionará.

Lo que tienes que comprender es que el banco está confiando en ti al concederte un préstamo del 98% del valor total de la vivienda. Por ejemplo, si la vivienda es de doscientos cincuenta mil dólares ($250,000), estás haciendo un depósito del 3%, que son siete mil quinientos dólares ($7,500), lo que significa que el banco tiene más interés en la vivienda que tú. Míralo, tu inversión en la propiedad es de sólo siete mil quinientos dólares ($7,500) frente a los intereses bancarios de $242,500. Ahora bien, debido a esta cantidad que el banco ha pagado al vendedor en tu nombre, el banco tiene que asegurarse de que estás en buena posición para devolver el préstamo mensual y puntualmente.

Este pago sólo puede hacerse cuando tienes un trabajo y percibes ingresos regulares de ese trabajo. En segundo lugar, quieren saber que tienes un crédito bastante bueno. He hablado con muchas personas que me preguntan cómo pueden conseguir un buen crédito. Así conseguirás una buena calificación crediticia. Solicita (1) una tarjeta de crédito de un banco o tienda o (2) pide prestado dinero a una institución de crédito reconocida y devuelve ese préstamo puntualmente. La institución de la que obtengas el dinero dará un informe del historial de pagos a las agencias de crédito y éste se convertirá en tu registro permanente para futuras referencias. En cuanto lo hagas, se recopilará la información, así que en esencia tú determinas tu historial crediticio y lo que aparece en tu informe crediticio.

La tercera cosa que exige la institución crediticia es que el comprador tenga una cuenta de ahorros en la que haga depósitos regulares hasta que la cuenta crezca. De este modo, tus fondos son rastreables, lo que demuestra coherencia en el ahorro. Hacer los depósitos cuando estás decidido a comprar no es una buena decisión. Y no te equivoques, los bancos se van a enterar antes de darte el dinero. O incluso antes de firmar el contrato de préstamo. Una vez que muestres interés en solicitar un préstamo a una institución crediticia, una de las primeras cosas que te pedirán será tu nombre, y después tu número de la seguridad social, que les va a decir mucho sobre ti el solicitante, después de que el banco haya hecho sus averiguaciones, determinarán si te conceden o no el préstamo. Puede que no sepas por qué tienes que dar esta información, pero como te he dicho antes, quieren ver si realmente estás preparado para comprar. Si estás pensando en comprar una casa, una buena cosa que puedes hacer es obtener un informe crediticio antes de estar preparado y verás lo que aparece en él. Si no sabes leerlo, pide a alguien que te ayude, y si las puntuaciones son bajas, pregunta a alguien que creas que puede saber qué puedes hacer para mejorar la puntuación y que sea más alta.

Algunas entidades de crédito son muy estrictas con la puntuación crediticia. Muchos no entrarían en una transacción contigo si las puntuaciones son inferiores a 500, mientras que otros te tendrán en cuenta. Las entidades de crédito califican tus puntuaciones de la A a la D. Lo que hacen es equiparar el número con una letra que te daría tu puntuación crediticia. "A" es muy bueno y podría superar los 700. D podría ser 450 y te resultaría muy difícil negociar un préstamo con algunas entidades crediticias. Por tanto, si quieres obtener una aprobación de tu banco, tendrás que mantener alta tu puntuación crediticia. Si no han subido, tendrás que empezar a trabajar para que suban. Tal vez pagando algunas tarjetas de crédito o entregando algunas de las que tienes, o haciendo que la compañía de la tarjeta cierre esas cuentas, te sorprenderá la diferencia que estas cosas tendrán en tu informe crediticio. Si no necesitas 10 o 12 tarjetas de crédito, ¿para qué llevarlas? Te estás buscando problemas. Si no puedes hacerlo con dos cartas, entonces deberías empezar a pensar de nuevo. Puede que tengas que hacer algunos ajustes en tus gastos. Las tarjetas de crédito son el instrumento de la pobreza cuando no puedes permitírtelas. Lo peor de todo es que tendrás que controlar tus hábitos de gasto.

¿QUÉ ES UN HOGAR?

Nadie se ha parado nunca a considerar los privilegios que tiene al poseer una vivienda, ni a preguntarse a sí mismo o a alguien qué es realmente una vivienda, ni por qué ahorramos nuestro dinero y después lo utilizamos para comprar una vivienda. Así pues, analicemos qué es realmente una vivienda. Un hogar es el lugar donde reside la familia. Es el lugar donde los niños se crían en un ambiente piadoso. Un hogar es el lugar donde compartimos la alegría de vivir con la familia. Cuando estés fuera de casa, tendrás esa sensación de querer estar en casa. Es un lugar donde reímos, lloramos y damos a conocer nuestros sentimientos. A menudo nos referimos a este lugar como "hogar dulce hogar".

Dios ha dado a cada hombre el deseo de tener un refugio o un techo sobre nuestras cabezas. El hombre tiene que vivir en algún sitio, en el Génesis se habla de que el pájaro tiene un nido, pero el hijo del hombre no tiene donde reclinar la cabeza. Un hogar no tiene por qué ser un castillo, ni un palacio, tampoco tiene por qué ser como **Tierra de Nadie**, puede ser

una mansión con un número limitado de metros cuadrados, pero es un hogar. Muchas veces, nos esforzamos por conseguir cosas de las que podríamos prescindir, y eso, que no satisface ni al alma ni al cuerpo, pero seguro que tener un lugar al que llamar hogar, es una especie de alivio para un deseo eterno. Un hogar no tiene por qué ser lujoso, pero puede ser un lugar donde viva la familia y habite en él la presencia del Señor. En Josué 24:15, Josué habla de su intención respecto a sí mismo y a su casa, afirma: "En cuanto a mí y a mi casa, serviremos al Señor". Estas palabras tan profundas significan que un hogar es un lugar de refugio, en el que puedes tener paz mental, buscar fuerzas renovadas cada día y tener una relación más estrecha con Dios. No importa si tu casa sea grande o pequeña, debe estar llena de la gracia y la paz de Dios. Debemos dejar que nuestro hogar sea un lugar de triunfo donde habite el Espíritu de Dios en todo momento. En mis treinta (30) años como propietaria de una casa, he aprendido a apreciar las bendiciones de Dios hacia mi familia y hacia mí mismo. Me gustaría transmitir este legado de bendiciones a mis amigos, compañeros de trabajo, familiares y a cuantas personas lean este libro. Creo que es una lección que era necesario aprender.

Creo sinceramente que cuando buscas algo, lo encuentras. Si tienes miedo, seguramente perderás lo que buscas. "El conocimiento es poder" y no debe desperdiciarse; si se utiliza adecuadamente, se transmitirá a las generaciones futuras. Hay que tener una planificación adecuada, que consta de tres (3) etapas: (1) propiedad, (2) creación de riqueza y (3) disfrute de lo que has acumulado. Soy un gran defensor de la propiedad de la vivienda; muchos me han oído hablar de este tema una y otra vez y sigue siendo cierto a día de hoy. Mi familia, a veces piensa que estoy loca y a punto de perder la cabeza, y a veces se asombran cuando me oyen hablar de bienes raíces y de ser propietaria de una casa, pero yo simplemente no puedo contenerme. Me apasiona el sector inmobiliario; es lo que hay que hacer. Como profesional del sector inmobiliario a lo largo de los años, he visto muchas cosas. La tendencia va y viene, y sí, a veces vuelve de nuevo. El mercado inmobiliario fluctúa a veces, pero llegó para quedarse. Los bienes raíces no son cada vez más baratos, sino más caros. Así que no retrases ni pospongas la oportunidad de ser propietario de una vivienda, céntrate, no te arrepentirás, sino que al final serás bendecido.

ENCONTRAR UNA OFERTA BUENA

Esto es muy importante en el sector inmobiliario; todo el mundo busca una oferta buena y se pregunta, "¿dónde puedo encontrar una oferta buena? No hay nada malo en encontrar ofertas buenas si existen y están disponibles. Siempre hay ofertas buenas ahí fuera, pero sólo depende de ti encontrarlas. La mayoría de las veces otros lo encuentran antes que tú, pero sigue buscando, ya llegará tu momento. Las ofertas buenas no se consiguen fácilmente. Eso no significa que no estén ahí fuera, pero es cuestión de tiempo. Si es la primera vez que compras una casa, con fondos limitados, encontrar una oferta buena puede ser un poco difícil y puede llevarte mucho tiempo toparte con esa mina de oro. A menos que tengas un vecino anciano que posea desde hace mucho tiempo y ahora quiera salir, tu futuro podría estar al lado.

No es fácil encontrar una oferta buena, así que cuando busques una, intenta mantener una actitud muy neutral. Si te involucras emocionalmente en cualquier decisión de compra, puede influirte demasiado y existiría la posibilidad de que tomaras una decisión equivocada. Siempre digo a mis compradores que nunca se enamoren de una propiedad, y si lo hacen, no quiero saberlo y, por favor, no la enseñen. ¿Por qué? Podría meterte en problemas. No digo que las ofertas buenas no sean en realidad buenas, pero si lidias con amor, emociones y poco de dinero, pueden suponer un problema, en caso de duda, consulta a un experto.

Las ofertas buenas pueden generar grandes ganancias, de eso no hay duda. No digo que no vaya a suceder, pero un enfoque equivocado y la emoción pueden hacer pedazos de ese sueño y, una vez que tu mina de oro potencial se convierta en algo pesado, te desanimarás y estarás muy poco dispuesto a volver a intentarlo. Recuerdo haber hablado con un comprador que, debido al amor y la emoción que sentía por la propiedad en aquel momento, pagó de más por ella. Al cabo de unos quince años, la casa no valía el precio por el que se compró años atrás.

Una vez que el vendedor sabe que te encanta su casa, ¿para qué negociar contigo? Si ves lo que buscas, paga el precio. Mi teoría es que la casa está en buenas condiciones, pero tiene que haber al menos dos cosas que se puedan decir de ella. No sé cuáles serán tus dos cosas, tendrás que encontrártelas. No están hechos en el cielo, así que es probable que haya más de dos factores criticables para ahorrar dinero, ya que no son perfectos.

Sabes que el vendedor te contará todas las cosas buenas de la compra de su casa, pero si eres como yo, cuanto más te cuentan, menos quiero pagar por la propiedad. No estoy diciendo que utilices mi estrategia, ya que puede que no te funcione, porque puede que te resulte difícil respaldar tu afirmación. Eso haría más difícil completar la venta si es algo que te gustaría tener. Fíjate en que he dicho "que te guste tener", no que te encante la propiedad.

Al comprar cualquier cosa, desacredito la palabra amor. Para la noción de alta emoción, utilizo la palabra amor para referirme a alguien que tiene sentimientos y puede responder cuando le muestro amor. No es aplicable a nada que no responda con sentimientos y emociones como ser humano. Nos emocionamos al ver a nuestros amigos, porque a su vez ellos harán lo mismo. Lo que tenemos son dos emociones, una engendra a la otra. Si nos emocionamos y nos emocionamos al comprar, ¿qué crees que ocurrirá? Nos vamos a enamorar de lo que sea, y lo esencial es que el vendedor se va a dar cuenta muy rápidamente. Comprar la propiedad con emoción e ilusión, envuelto en amor, es pagar demasiado por una propiedad.

Intentaré contarte algunas de las formas de encontrar ofertas buenas si puedes encontrar tiempo para agotar estas áreas. En las ventas de embargo fiscal probablemente puedas encontrar propiedades. Estas propiedades acabarán embargadas si el propietario no paga sus impuestos. Por tanto, existe la posibilidad de que recojas una venta por embargo fiscal, tendrías que comprobar en tu municipio si existe tal venta. Las ventas por quiebra son otra vía que puedes utilizar para lograr tu objetivo. En estos días nos encontramos con que muchas personas se declaran en quiebra y pueden querer salir de la situación en la que se encuentran. Analicemos también las ejecuciones hipotecarias. Las estadísticas demuestran que siempre habrá ejecuciones hipotecarias.

Las ejecuciones hipotecarias suelen producirse porque los propietarios ya no pueden pagar por su vivienda, o simplemente no la quieren. En cualquier caso, el mercado de las ejecuciones hipotecarias ofrece una gran oportunidad a los compradores si saben sacar provecho de ellas. De nuevo, puede que necesites la ayuda de una persona experta que sepa cómo abordar estas ventas para que te guíe en ellas. Podrías ganar mucho dinero, pero sin los conocimientos adecuados, también podrías perder mucho dinero.

Cuándo comprar una casa

He oído a muchas personas preguntarse, "¿debo comprar una casa o debo alquilarla? La mayoría de las veces la gente intenta encontrar la forma más barata de vivir. Así que se convirtió en una montaña rusa, ¿debo comprar o debo alquilar que comprar?". Te diré que es más barato comprar que alquilar. Aunque tengas que aportar por adelantado una suma global de dinero, lo que debemos tener en cuenta es la ganancia a largo plazo. Me gusta vender a mis compradores por primera vez viviendas bifamiliares, aunque muchos de ellos acudieron a mí buscando una unifamiliar. Con una vara de corrección, pronto les quitaré de la cabeza que una familia está bien cuando puedes permitírtela, cuando no puedes permitirte una familia, compra una casa bifamiliar. Sorprendente, ¿verdad?

La mayoría de los compradores por primera vez no saben que es más barato mantener una vivienda bifamiliar que una unifamiliar. Veamos una repartición decenal. Hoy puedes comprar una casa bifamiliar por doscientos mil dólares ($200,000), de los que un 5% de adelanto son diez mil dólares ($10,000). Quita el adelanto del precio de venta, y el resto es la cantidad de la hipoteca que obtendrás de tu entidad crediticia, que es de ciento noventa mil ($190,000). Tiene que haber un coste de cierre, no intentes evitarlo, no puedes. Sabemos que es mucho dinero, pero si no tienes el coste del cierre más el depósito, tu banco permitirá que el vendedor te dé algunos costes de cierre. Cada caso es diferente, así que pregunta por la concesión del vendedor para el cierre, cuando estés haciendo la oferta. En algunos casos, se puede financiar el 100% del coste de cierre, mientras que en otros puede ser el 3%, pero si lo pides te lo darán. "Siempre tendrás que negociar". Fíjate bien en estas cifras, te van a decir mucho. Como te he mostrado antes, la cantidad de tu hipoteca es de ciento noventa mil ($190,000) y devolverás este dinero a razón de mil doscientos sesenta y cuatro ($1,264) al mes con una tasa de interés del 7% durante treinta años. Esta cantidad no incluye impuestos ni seguros.

No se incluyeron porque las cifras varían dependiendo de dónde te encuentres, de la cantidad de impuestos que pueda haber sobre tu propiedad y, de nuevo, tiene que ver con el lugar del país en el que te encuentres. Lo mismo ocurre con tus seguros. Ahora, recuerda que tienes una casa bifamiliar y que uno de los apartamentos será de alquiler. La unidad alquilada generará mil ($1,000) al mes, de nuevo dependiendo del estado en el que te encuentres, podría ser un poco más o menos; tu pago mensual, sin embargo, es de $1,264. Hay unos ingresos por alquiler de $1,000 quita los ingresos por alquiler del pago de tu hipoteca, el resto son $264 esto sería tu provisión de pago mensual más tus impuestos y seguro.

Para, mira esto, tu pago mensual es de sólo $264 más los impuestos y el seguro. Supongamos que estás en Nueva York, donde todo es más caro que en cualquier otro lugar de EEUU. Si ése es el caso, tus impuestos serían $3,000 divididos por 12, lo que daría tu pago mensual por tus impuestos que es de $250, sigue los mismos pasos para calcular para tu seguro. Si tus seguros son de $800 dividido por 12, te daría $67. Ahora bien, una vez que sumas tu parte de la hipoteca, los impuestos y el seguro, te encuentras con $581 al mes. Lo llamaríamos dinero de bolsillo; eso significa que tu casa te costaría $581 al mes, mientras que al inquilino le costaría $1,000. Lo que ocurre aquí es que el inquilino paga $12,000 de los $15,168 anuales que se supone que debes destinar a tu hipoteca, mientras que tú, el propietario, te haces cargo de la parte menor de $3,168. El inquilino sigue pagando la vivienda. Por eso animo a ser propietario de una vivienda. No he mirado a qué deducciones fiscales tienes derecho, tu contador haría un mejor trabajo con los impuestos, lo que reduciría aún más tu pago anual. El inquilino paga más de lo que paga el propietario, lo que significa que ha llegado el momento de ser propietario de la casa en la que vives. Ser propietario de una casa conlleva una dosis de orgullo y alegría. Cuando seas propietario de tu casa la cuidarás mejor, por tanto tu vecindario tendrá mejor aspecto y tu propiedad se revalorizará más en poco tiempo, ¿por qué no ser propietario de la casa en la que vives?

Hay varias ventajas fiscales a corto y largo plazo asociadas a la compra de una vivienda. Si detallas las deducciones, y probablemente deberías hacerlo, si tienes una hipoteca sobre la vivienda, tanto los impuestos estatales y locales que pagas por la propiedad como los intereses que pagas por la hipoteca, pueden ser deducibles de tu renta bruta ajustada. Cada dólar que pagas en impuestos sobre la propiedad e intereses te ahorra unos 28 céntimos en impuestos federales sobre la renta. Cuanto mayor sea tu tasa impositiva marginal, mayor será la tasa estimada del impuesto sobre la renta. Como inquilino no puedes incluir estas deducciones en tus impuestos sobre la renta. Sólo el arrendador puede deducirlos como gastos.

La pregunta "¿es mejor comprar que alquilar?" ya debería estar clara en tu mente. La decisión inteligente sería comprar tu vivienda, de hecho, hay mucho que ganar, y perderás la oportunidad de ser propietario de una vivienda. Si puedes reflexionar sobre esas cifras, como hicimos en el párrafo anterior, verás que se trataba de un cálculo a corto plazo, que era de un año. Ahora nuestro cálculo a largo plazo debería ser mucho mejor y mostrar un margen más rentable. Cuanto más tiempo poseas la propiedad, más valiosa será para ti. El largo plazo fuera, pesa el corto plazo. Cuando vayas a comprar una propiedad, fíjate en lo que te aportará en poco tiempo. Si el corto plazo tiene buen aspecto, el largo plazo tendrá mejores perspectivas. Esto significa que, a la larga, tendrás más pan y mantequilla a medida que pase el tiempo. Si tiene buen aspecto, entonces es bueno, así que para qué esperar.

Fijémonos en la familia que paga $1,000 dólares al mes de alquiler, ¿cuál es el futuro de esa familia si no tiene un doble ingreso? Es difícil de decir. Acabarán pagando, y pagando, y pagando. Mira, si permanecieran en ese apartamento durante 5 años, estarías pagando más de $60,000 dólares de alquiler, porque no estamos seguros del tipo de aumentos que se producirán durante ese periodo de tiempo. Fíjate, aunque consideres que estás pagando un alquiler elevado, pero digamos que el arrendador quiere su piso, aún tiene la opción de darte un aviso de finalización del contrato, ¿no?

Puede que no te guste, pero ¿qué puedes hacer al respecto? Tarde o temprano, tendrás que irte. No quieres que ocurra, pero en caso de que ocurra, ¿qué tendrás que llevarte? Sesenta mil dólares de recibos de alquiler a la basura.

Ahora mira esto, la casa no es tuya y durante los cinco años aportaste más de $60,000, mientras que el propietario aportó menos de $35,000, ¿no es razón suficiente para que seas propietario de tu casa? Pagan menos y tienen la oportunidad de quedarse y cosechar los beneficios. Sé el propietario y paga menos. Tomar decisiones puede ser un proceso muy complejo, pero decidir si alquilar o comprar no debería ser difícil. Es tan sencillo como tomar la decisión de si estás preparado, dispuesto y eres capaz de dar el primer paso para hacer la inversión de tu vida. Adquirir esa vivienda tiene que ser un deseo satisfactorio, que es poseer un techo sobre tu cabeza. Mientras evalúas el resultado de tu alternativa, hagas lo que hagas, tienes que tomar la decisión correcta.

Cuando compras una vivienda, estás realizando una inversión considerable de tu propio dinero. Creo que ahí es donde entra la cuestión de si debo alquilar o comprar. Gran parte de tus respuestas dependerán de la vivienda futura esperada. Cuando hablo de vivienda futura esperada, me refiero a que compres una casa para vivir, o a que la compres como inversor. Es tu primera casa y puede que no estés seguro de cómo quieres entrar en el mundo inmobiliario. Probablemente quieras hacerte una idea de cómo es antes de tomar la decisión de ser inversor, o tal vez quieras ir a lo seguro y ser propietario de una vivienda. Yo no intentaría decirte lo que tienes que hacer una vez que estés en el campo, el resultado final determinará a dónde vas a partir de ahí.

Sobre tu casa

Cuando compras tu casa, quieres estar seguro de que es tuya de forma segura, pero no lo sabrás a menos que hagas las cosas que se supone que debes hacer. Incluso cuando intentas hacer todas las cosas que creías correctas, sigue habiendo posibilidades de cometer errores, aunque no se haya dado margen para cometerlos. Recuerdo cuando finalicé la venta de una propiedad, hice una búsqueda diligente en el registro público y no se revelaron varios defectos del título, a pesar de la búsqueda, no se reveló nada; no obstante, seguí adelante y contraté una póliza de seguro del título en el momento del cierre por si ocurría algo. No es bueno correr ciertos riesgos con tu inversión, si cuidas de tu inversión, ella a su vez cuidará de ti. Estaba en el cierre cuando mi abogado me sugirió que contratara un seguro de título porque a veces ocurren cosas. Seguí adelante y acepté la cobertura sugerida, que era de 90 dólares por un año. Sorprendentemente, al cabo de 3 meses recibí una factura de $35,000 que no figuraba en el informe del título. Remití la cantidad de los $35,000 a la compañía de títulos, y ellos se encargaron de ello. Si no hubiera sido por ese seguro de $90 dólares, habría acabado con una factura de $35,000 dólares. He aprendido a no correr ciertos riesgos; hay que saber qué riesgos correr y cuáles no.

La vivienda que adquieres representa la estabilidad, el rendimiento y la esperanza en el futuro. No te arriesgues con tu casa, si lo haces, puedes perderla, y si la pierdes, lo más probable es que nunca la repongas, así que tiene, sentido que por un pequeño precio tenga sentido protegerte con un seguro de título. Hay muchas empresas por ahí, si preguntas a tu abogado sobre el seguro de título, te dirigirá a un grupo de empresas, puedes elegir una, o puedes buscar en tu guía telefónica, ya que aparecen allí. Mis mejores deseos para tu compra. No te dejes llevar por el azar, ten cuidado en tus inversiones.

Consejos para calcular tu hipoteca

He incluido algunos consejos sobre cómo calcular tu hipoteca cuando estés listo para comprar tu casa. Las he hecho accesibles para que puedas familiarizarte con las distintas tablas. La tabla que he proporcionado es sencilla y fácil de utilizar. No tengas miedo, busca la cantidad de tu hipoteca y sigue esa cantidad hasta el número de años por el que te vas a hipotecar y podrás hacer tus cálculos. Esto podría darte un primer vistazo incluso antes de ver a tu prestamista. No importa de qué banco o entidad de crédito se trate; las cifras serán las mismas. Si tu tasa es del 7%, es sólo el siete y no cambiará por el tipo de institución. Todo está muy bien cuando empiezas a comprar; compras como un comprador bien informado. Cuanto más informado estés, más disfrutarás comprando tu nueva casa. Creo que el conocimiento es poder y por eso te doy la información relevante necesaria para comprar tu casa. Lo que tienes que saber es que, cuando calcules a partir de la hoja de amortización, sólo te dará el pago real de la cantidad de dinero prestada por el banco. Este cálculo no incluye el impuesto sobre bienes raíces, ni tampoco el seguro; tienes que averiguarlo con las partes correspondientes, tu agente inmobiliario te ayudará con ello. Cuando obtengas la estimación de tus impuestos y seguros, puedes dividir esas cifras por doce y luego sumarlas a la cantidad de la hipoteca y eso te dará tu pago mensual real. Las cifras pueden variar según el lugar del país en que te encuentres; cada estado tiene sus leyes y tipos impositivos diferentes. Llama a una compañía

de seguros, dales el precio de la vivienda y te darán una cifra, si te dan $1,000 divide esa cifra por doce, que serían $83 a tu hipoteca más impuestos y eso te dará tu cuota mensual real.

Excepto cuándo y dónde se te exigiría pagar el Seguro Hipotecario Privado (PMI por sus siglas en inglés) en tu hipoteca con menos del 20% de entrada. Se aplica al comprador que adquiere una vivienda y la cuota inicial es inferior al 20%. Llamamos a eso 80 LTV (siglas en inglés) sin necesidad de PMI. LTV son las siglas de "Loan-to-Value" (préstamo sobre valor) y es un coeficiente financiero utilizado en las transacciones inmobiliarias. Se calcula dividiendo la cantidad del préstamo por el valor de la propiedad. Con 90 LTV, necesitaría PMI. Cualquier hipoteca que supere el 80 LTV tiene que tener un Seguro Hipotecario Privado. Hay algunos términos que no entenderás. Lo que tendrás que hacer es utilizar tu diccionario para aclarar lo que vas a necesitar. Sé que no todo estará claro mientras lees, sobre todo si lo haces por primera vez. Sé inteligente, lo que no tengas claro, subraya esas áreas, o utiliza un rotulador para subrayar. Recuerda la palabra o palabras clave, siempre que hables con alguien, encuentra la forma de interponer la palabra o palabras sobre las que quieres aclaraciones, y obtendrás tu respuesta.

<table>
<tr><td colspan="10" align="center">PAGO MENSUAL</td></tr>
<tr><td rowspan="2">7%</td><td colspan="9" align="center">Necesario para amortizar un préstamo</td></tr>
<tr><td></td></tr>
<tr><th>CANTIDAD</th><th>1 años</th><th>2 años</th><th>3 años</th><th>4 años</th><th>5 años</th><th>7 años</th><th>8 años</th><th>10 años</th><th>12 años</th></tr>
<tr><td>50</td><td>4.33</td><td>2.24</td><td>1.55</td><td>1.20</td><td>1.00</td><td>.78</td><td>.69</td><td>.59</td><td>.52</td></tr>
<tr><td>100</td><td>8.66</td><td>4.48</td><td>3.09</td><td>2.40</td><td>1.99</td><td>1.51</td><td>1.37</td><td>1.17</td><td>1.03</td></tr>
<tr><td>200</td><td>17.31</td><td>8.96</td><td>6.18</td><td>4.79</td><td>3.97</td><td>3.02</td><td>2.73</td><td>2.33</td><td>2.06</td></tr>
<tr><td>300</td><td>25.96</td><td>13.44</td><td>9.27</td><td>7.19</td><td>5.95</td><td>4.53</td><td>4.10</td><td>3.49</td><td>3.09</td></tr>
<tr><td>400</td><td>34.62</td><td>17.91</td><td>12.36</td><td>9.58</td><td>7.93</td><td>6.04</td><td>5.46</td><td>4.65</td><td>4.12</td></tr>
<tr><td>500</td><td>43.27</td><td>22.39</td><td>15.44</td><td>11.98</td><td>9.91</td><td>7.55</td><td>6.82</td><td>5.81</td><td>5.15</td></tr>
<tr><td>600</td><td>51.92</td><td>26.87</td><td>18.53</td><td>14.37</td><td>11.89</td><td>9.06</td><td>8.19</td><td>6.97</td><td>6.18</td></tr>
<tr><td>700</td><td>60.57</td><td>31.35</td><td>21.62</td><td>16.77</td><td>13.87</td><td>10.57</td><td>9.55</td><td>8.13</td><td>7.20</td></tr>
<tr><td>800</td><td>69.23</td><td>35.82</td><td>24.71</td><td>19.16</td><td>15.85</td><td>12.08</td><td>10.91</td><td>9.29</td><td>8.23</td></tr>
<tr><td>900</td><td>77.88</td><td>40.30</td><td>27.79</td><td>21.56</td><td>17.83</td><td>13.59</td><td>12.28</td><td>10.45</td><td>9.26</td></tr>
<tr><td>1000</td><td>86.53</td><td>44.78</td><td>30.88</td><td>23.95</td><td>19.81</td><td>15.10</td><td>13.64</td><td>11.62</td><td>10.29</td></tr>
<tr><td>2000</td><td>173.06</td><td>89.55</td><td>61.76</td><td>47.90</td><td>39.61</td><td>30.19</td><td>27.27</td><td>23.23</td><td>20.57</td></tr>
<tr><td>3000</td><td>259.59</td><td>134.32</td><td>92.64</td><td>71.84</td><td>59.41</td><td>45.28</td><td>40.91</td><td>34.84</td><td>30.86</td></tr>
<tr><td>4000</td><td>346.11</td><td>179.10</td><td>123.51</td><td>95.79</td><td>79.21</td><td>60.38</td><td>54.54</td><td>46.45</td><td>41.14</td></tr>
<tr><td>5000</td><td>432.64</td><td>223.87</td><td>154.39</td><td>119.74</td><td>99.01</td><td>75.47</td><td>68.17</td><td>58.06</td><td>51.42</td></tr>
<tr><td>6000</td><td>519.17</td><td>268.64</td><td>185.27</td><td>143.68</td><td>118.81</td><td>90.56</td><td>81.81</td><td>69.67</td><td>61.71</td></tr>
<tr><td>7000</td><td>605.69</td><td>313.41</td><td>216.14</td><td>167.63</td><td>138.61</td><td>105.65</td><td>95.44</td><td>81.28</td><td>71.99</td></tr>
<tr><td>8000</td><td>692.22</td><td>358.19</td><td>247.02</td><td>191.57</td><td>158.41</td><td>120.75</td><td>109.07</td><td>92.89</td><td>82.28</td></tr>
<tr><td>9000</td><td>778.75</td><td>402.96</td><td>277.90</td><td>215.52</td><td>178.22</td><td>135.84</td><td>122.71</td><td>104.50</td><td>92.56</td></tr>
<tr><td>10000</td><td>865.27</td><td>447.73</td><td>308.78</td><td>239.47</td><td>198.02</td><td>150.93</td><td>136.34</td><td>116.11</td><td>102.84</td></tr>
<tr><td>15000</td><td>1297.91</td><td>671.59</td><td>463.16</td><td>359.20</td><td>297.02</td><td>226.40</td><td>204.51</td><td>174.17</td><td>154.26</td></tr>
<tr><td>20000</td><td>1730.54</td><td>895.46</td><td>617.55</td><td>478.93</td><td>396.03</td><td>301.86</td><td>272.68</td><td>232.22</td><td>205.68</td></tr>
<tr><td>25000</td><td>2163.17</td><td>1119.32</td><td>771.93</td><td>598.66</td><td>495.03</td><td>377.32</td><td>340.85</td><td>290.28</td><td>257.10</td></tr>
<tr><td>30000</td><td>2595.81</td><td>1343.18</td><td>926.32</td><td>718.39</td><td>594.04</td><td>452.79</td><td>409.02</td><td>348.33</td><td>308.52</td></tr>
<tr><td>35000</td><td>3028.44</td><td>1567.05</td><td>1080.70</td><td>838.12</td><td>693.05</td><td>528.25</td><td>477.19</td><td>406.38</td><td>359.94</td></tr>
<tr><td>40000</td><td>3461.07</td><td>1790.91</td><td>1235.09</td><td>957.85</td><td>792.05</td><td>603.71</td><td>545.35</td><td>464.44</td><td>411.36</td></tr>
<tr><td>45000</td><td>3893.71</td><td>2014.77</td><td>1389.47</td><td>1077.59</td><td>891.06</td><td>679.18</td><td>613.52</td><td>522.49</td><td>462.78</td></tr>
<tr><td>46000</td><td>3980.24</td><td>2059.54</td><td>1420.35</td><td>1101.53</td><td>910.86</td><td>694.27</td><td>627.16</td><td>534.10</td><td>473.06</td></tr>
<tr><td>47000</td><td>4066.76</td><td>2104.32</td><td>1451.23</td><td>1125.48</td><td>930.66</td><td>709.36</td><td>640.79</td><td>545.71</td><td>483.34</td></tr>
<tr><td>48000</td><td>4153.29</td><td>2149.09</td><td>1482.11</td><td>1149.42</td><td>950.46</td><td>724.45</td><td>654.42</td><td>557.33</td><td>493.63</td></tr>
<tr><td>49000</td><td>4239.82</td><td>2193.86</td><td>1512.98</td><td>1173.37</td><td>970.26</td><td>739.55</td><td>668.06</td><td>568.94</td><td>503.91</td></tr>
<tr><td>50000</td><td>4326.34</td><td>2238.63</td><td>1543.86</td><td>1197.32</td><td>990.06</td><td>754.64</td><td>681.69</td><td>580.55</td><td>514.20</td></tr>
<tr><td>51000</td><td>4412.87</td><td>2283.41</td><td>1574.74</td><td>1221.26</td><td>1009.87</td><td>769.73</td><td>695.32</td><td>592.16</td><td>524.48</td></tr>
<tr><td>52000</td><td>4499.40</td><td>2328.18</td><td>1605.61</td><td>1245.21</td><td>1029.67</td><td>784.82</td><td>708.96</td><td>603.77</td><td>534.76</td></tr>
<tr><td>53000</td><td>4585.92</td><td>2372.95</td><td>1636.49</td><td>1269.16</td><td>1049.47</td><td>799.92</td><td>722.59</td><td>615.38</td><td>545.05</td></tr>
<tr><td>54000</td><td>4672.45</td><td>2417.72</td><td>1667.37</td><td>1293.10</td><td>1069.27</td><td>815.01</td><td>736.23</td><td>626.99</td><td>555.33</td></tr>
<tr><td>55000</td><td>4758.98</td><td>2462.50</td><td>1698.25</td><td>1317.05</td><td>1089.07</td><td>830.10</td><td>749.86</td><td>638.60</td><td>565.61</td></tr>
<tr><td>56000</td><td>4845.50</td><td>2507.27</td><td>1729.12</td><td>1340.99</td><td>1108.87</td><td>845.20</td><td>763.49</td><td>650.21</td><td>575.90</td></tr>
<tr><td>57000</td><td>4932.03</td><td>2552.04</td><td>1760.00</td><td>1364.94</td><td>1128.67</td><td>860.29</td><td>777.13</td><td>661.82</td><td>586.18</td></tr>
<tr><td>58000</td><td>5018.56</td><td>2596.81</td><td>1790.88</td><td>1388.89</td><td>1148.47</td><td>875.38</td><td>790.76</td><td>673.43</td><td>596.47</td></tr>
<tr><td>59000</td><td>5105.08</td><td>2641.59</td><td>1821.75</td><td>1412.83</td><td>1168.28</td><td>890.47</td><td>804.39</td><td>685.05</td><td>606.75</td></tr>
<tr><td>60000</td><td>5191.61</td><td>2686.36</td><td>1852.63</td><td>1436.78</td><td>1188.08</td><td>905.57</td><td>818.03</td><td>696.66</td><td>617.03</td></tr>
<tr><td>61000</td><td>5278.14</td><td>2731.13</td><td>1883.51</td><td>1460.73</td><td>1207.88</td><td>920.66</td><td>831.66</td><td>708.27</td><td>627.32</td></tr>
<tr><td>62000</td><td>5364.66</td><td>2775.90</td><td>1914.39</td><td>1484.67</td><td>1227.68</td><td>935.75</td><td>845.30</td><td>719.88</td><td>637.60</td></tr>
<tr><td>63000</td><td>5451.19</td><td>2820.68</td><td>1945.26</td><td>1508.62</td><td>1247.48</td><td>950.84</td><td>858.93</td><td>731.49</td><td>647.89</td></tr>
<tr><td>64000</td><td>5537.72</td><td>2865.45</td><td>1976.14</td><td>1532.56</td><td>1267.28</td><td>965.94</td><td>872.56</td><td>743.10</td><td>658.17</td></tr>
<tr><td>65000</td><td>5624.24</td><td>2910.22</td><td>2007.02</td><td>1556.51</td><td>1287.08</td><td>981.03</td><td>886.20</td><td>754.71</td><td>668.45</td></tr>
<tr><td>67500</td><td>5840.56</td><td>3022.15</td><td>2084.21</td><td>1616.38</td><td>1336.59</td><td>1018.76</td><td>920.28</td><td>783.74</td><td>694.16</td></tr>
<tr><td>70000</td><td>6056.88</td><td>3134.09</td><td>2161.40</td><td>1876.24</td><td>1386.09</td><td>1056.49</td><td>954.37</td><td>812.76</td><td>719.87</td></tr>
<tr><td>75000</td><td>6489.51</td><td>3357.95</td><td>2315.79</td><td>1795.97</td><td>1485.09</td><td>1131.96</td><td>1022.53</td><td>870.82</td><td>771.29</td></tr>
<tr><td>80000</td><td>6922.14</td><td>3581.81</td><td>2470.17</td><td>1915.70</td><td>1584.10</td><td>1207.42</td><td>1090.70</td><td>928.87</td><td>822.71</td></tr>
<tr><td>85000</td><td>7354.78</td><td>3805.67</td><td>2624.56</td><td>2035.44</td><td>1683.11</td><td>1282.88</td><td>1158.87</td><td>986.93</td><td>874.13</td></tr>
<tr><td>90000</td><td>7787.41</td><td>4029.54</td><td>2778.94</td><td>2155.17</td><td>1782.11</td><td>1358.35</td><td>1227.04</td><td>1044.98</td><td>925.55</td></tr>
<tr><td>95000</td><td>8220.05</td><td>4253.40</td><td>2933.33</td><td>2274.90</td><td>1881.12</td><td>1433.81</td><td>1295.21</td><td>1103.04</td><td>976.97</td></tr>
<tr><td>100000</td><td>8652.68</td><td>4477.26</td><td>3087.71</td><td>2394.63</td><td>1980.12</td><td>1509.27</td><td>1363.38</td><td>1161.09</td><td>1028.39</td></tr>
<tr><td>105000</td><td>9085.31</td><td>4701.13</td><td>3242.10</td><td>2514.36</td><td>2079.13</td><td>1584.74</td><td>1431.55</td><td>1219.14</td><td>1079.81</td></tr>
<tr><td>110000</td><td>9517.95</td><td>4924.99</td><td>3396.49</td><td>2634.09</td><td>2178.14</td><td>1660.20</td><td>1499.71</td><td>1277.20</td><td>1131.22</td></tr>
<tr><td>115000</td><td>9950.58</td><td>5148.85</td><td>3550.87</td><td>2753.82</td><td>2277.14</td><td>1735.66</td><td>1567.88</td><td>1335.25</td><td>1182.64</td></tr>
<tr><td>120000</td><td>10383.21</td><td>5372.71</td><td>3705.26</td><td>2873.55</td><td>2376.15</td><td>1811.13</td><td>1636.05</td><td>1393.31</td><td>1234.06</td></tr>
<tr><td>125000</td><td>10815.85</td><td>5596.58</td><td>3859.64</td><td>2993.29</td><td>2475.15</td><td>1886.59</td><td>1704.22</td><td>1451.36</td><td>1285.48</td></tr>
<tr><td>130000</td><td>11248.48</td><td>5820.44</td><td>4014.03</td><td>3113.02</td><td>2574.16</td><td>1962.05</td><td>1772.39</td><td>1509.42</td><td>1336.90</td></tr>
<tr><td>135000</td><td>11681.12</td><td>6044.30</td><td>4168.41</td><td>3232.75</td><td>2673.17</td><td>2037.52</td><td>1840.56</td><td>1567.47</td><td>1388.32</td></tr>
<tr><td>140000</td><td>12113.75</td><td>6268.17</td><td>4322.80</td><td>3352.48</td><td>2772.17</td><td>2112.98</td><td>1908.73</td><td>1625.52</td><td>1439.74</td></tr>
<tr><td>145000</td><td>12546.38</td><td>6492.03</td><td>4477.18</td><td>3472.21</td><td>2871.18</td><td>2188.44</td><td>1976.89</td><td>1683.58</td><td>1491.16</td></tr>
<tr><td>150000</td><td>12979.02</td><td>6715.89</td><td>4631.57</td><td>3591.94</td><td>2970.18</td><td>2263.91</td><td>2045.06</td><td>1741.63</td><td>1542.58</td></tr>
</table>

7%	PAGO MENSUAL								
	Necesario para amortizar un préstamo								
CANTIDAD	15 años	18 años	20 años	25 años	28 años	29 años	30 años	35 años	40 años
50	.45	.41	.39	.36	.34	.34	.34	.32	.32
100	.90	.82	.78	.71	.68	.68	.67	.64	.63
200	1.80	1.64	1.56	1.42	1.36	1.35	1.34	1.28	1.25
300	2.70	2.45	2.33	2.13	2.04	2.02	2.00	1.92	1.87
400	3.60	3.27	3.11	2.83	2.72	2.69	2.67	2.56	2.49
500	4.50	4.08	3.88	3.54	3.40	3.37	3.33	3.20	3.11
600	5.40	4.90	4.66	4.25	4.08	4.04	4.00	3.84	3.73
700	6.30	5.71	5.43	4.95	4.76	4.71	4.66	4.48	4.36
800	7.20	6.53	6.21	5.66	5.44	5.38	5.33	5.12	4.98
900	8.09	7.34	6.98	6.37	6.12	6.05	5.99	5.75	5.60
1000	8.99	8.16	7.76	7.07	6.80	6.73	6.66	6.39	6.22
2000	17.98	16.32	15.51	14.14	13.60	13.45	13.31	12.78	12.43
3000	26.97	24.47	23.26	21.21	20.39	20.17	19.96	19.17	18.65
4000	35.96	32.63	31.02	28.28	27.19	26.89	26.62	25.56	24.86
5000	44.95	40.78	38.77	35.34	33.99	33.61	33.27	31.95	31.08
6000	53.93	48.94	46.52	42.41	40.78	40.33	39.92	38.34	37.29
7000	62.92	57.09	54.28	49.48	47.58	47.05	46.58	44.72	43.51
8000	71.91	65.25	62.03	56.55	54.37	53.78	53.23	51.11	49.72
9000	80.90	73.40	69.78	63.62	61.17	60.50	59.88	57.50	55.93
10000	89.89	81.56	77.53	70.68	67.97	67.22	66.54	63.89	62.15
15000	134.83	122.33	116.30	106.02	101.95	100.82	99.80	95.83	93.22
20000	179.77	163.11	155.06	141.36	135.93	134.43	133.07	127.78	124.29
25000	224.71	203.88	193.83	176.70	169.91	168.04	166.33	159.72	155.36
30000	269.65	244.66	232.59	212.04	203.89	201.64	199.60	191.66	186.43
35000	314.59	285.43	271.36	247.38	237.87	235.25	232.86	223.60	217.51
40000	359.54	326.21	310.12	282.72	271.85	268.86	266.13	255.55	248.58
45000	404.48	366.98	348.89	318.06	305.83	302.46	299.39	287.49	279.65
46000	413.47	375.14	356.64	325.12	312.62	309.18	306.04	293.88	285.86
47000	422.45	383.29	364.40	332.19	319.42	315.91	312.70	300.27	292.08
48000	431.44	391.45	372.15	339.26	326.22	322.63	319.35	306.66	298.29
49000	440.43	399.60	379.90	346.33	333.01	329.35	326.00	313.04	304.51
50000	449.42	407.76	387.65	353.39	339.81	336.07	332.66	319.43	310.72
51000	458.41	415.91	395.41	360.46	346.61	342.79	339.31	325.82	316.93
52000	467.40	424.07	403.16	367.53	353.40	349.51	345.96	332.21	323.15
53000	476.38	432.22	410.91	374.60	360.20	356.23	352.62	338.60	329.36
54000	485.37	440.38	418.67	381.67	366.99	362.96	359.27	344.99	335.58
55000	494.36	448.53	426.42	388.73	373.79	369.68	365.92	351.38	341.79
56000	503.35	456.69	434.17	395.80	380.59	376.40	372.57	357.76	348.01
57000	512.34	464.84	441.93	402.87	387.38	383.12	379.23	364.15	354.22
58000	521.33	473.00	449.68	409.94	394.18	389.84	385.88	370.54	360.44
59000	530.31	481.15	457.43	417.00	400.97	396.56	392.53	376.93	366.65
60000	539.30	489.31	465.18	424.07	407.77	403.28	399.19	383.32	372.83
61000	548.29	497.46	472.94	431.14	414.57	410.00	405.84	389.71	379.08
62000	557.28	505.62	480.69	438.21	421.36	416.73	412.49	396.10	385.29
63000	566.27	513.77	488.44	445.28	428.16	423.45	419.15	402.48	391.51
64000	575.26	521.93	496.20	452.34	434.95	430.17	425.80	408.87	397.72
65000	584.24	530.08	503.95	459.41	441.75	436.89	432.45	415.26	403.94
67500	606.71	550.47	523.33	477.08	458.74	453.69	449.08	431.23	419.47
70000	629.18	570.86	542.71	494.75	475.73	470.50	465.72	447.20	435.01
75000	674.13	611.63	581.48	530.09	509.71	504.10	498.98	479.15	466.08
80000	719.07	652.41	620.24	565.43	543.69	537.71	532.25	511.09	497.15
85000	764.01	693.18	659.01	600.77	577.67	571.32	565.51	543.03	528.22
90000	808.95	733.96	697.77	636.11	611.65	604.92	598.78	574.98	559.29
95000	853.89	774.73	736.54	671.45	645.63	638.53	632.04	606.92	590.36
100000	898.83	815.51	775.30	706.78	679.61	672.14	665.31	638.86	621.44
105000	943.77	856.28	814.07	742.12	713.59	705.74	698.57	670.80	652.51
110000	988.72	897.06	852.83	777.46	747.57	739.35	731.84	702.75	683.58
115000	1033.66	937.83	891.60	812.80	781.55	772.95	765.10	734.69	714.65
120000	1078.60	978.61	930.36	848.14	815.54	806.56	798.37	766.63	745.72
125000	1123.54	1019.38	969.13	883.48	849.52	840.17	831.63	798.58	776.79
130000	1168.48	1060.16	1007.89	918.82	883.50	873.77	864.90	830.52	807.87
135000	1213.42	1100.93	1046.66	954.16	917.48	907.38	898.16	862.46	838.94
140000	1258.36	1141.71	1085.42	989.50	951.46	940.99	931.43	894.40	870.01
145000	1303.31	1182.48	1124.19	1024.83	985.44	974.59	964.69	926.35	901.08
150000	1348.25	1223.26	1162.95	1060.17	1019.42	1008.20	997.96	958.30	932.16

| CANTIDAD | PAGO MENSUAL | | | | | | | | |
| | Necesario para amortizar un préstamo | | | | | | | | |
	1 años	2 años	3 años	4 años	5 años	7 años	8 años	10 años	12 años
50	4.33	2.25	1.55	1.21	1.00	.76	.69	.59	.52
100	8.66	4.49	3.10	2.41	1.99	1.52	1.37	1.17	1.04
200	17.32	8.97	6.19	4.81	3.98	3.04	2.74	2.34	2.08
300	25.98	13.45	9.29	7.21	5.96	4.55	4.11	3.51	3.11
400	34.64	17.94	12.38	9.61	7.95	6.07	5.48	4.68	4.15
500	43.30	22.42	15.47	12.01	9.94	7.58	6.85		5.18
600	51.96	26.90	18.57	14.41	11.92	9.10	8.22		6.22
700	60.61	31.39	21.66	16.81	13.91	10.61	9.59	[illegible]	7.25
800	69.27	35.87	24.75	19.21	15.89	12.13	10.96	9.35	8.29
900	77.93	40.35	27.85	21.61	17.88	13.64	12.33	10.51	9.32
1000	86.59	44.83	30.94	24.01	19.87	15.16	13.70	11.68	10.36
2000	173.17	89.66	61.87	48.01	39.73	30.31	27.40	23.36	20.71
3000	259.76	134.49	92.81	72.02	59.59	45.47	41.09	35.03	31.06
4000	346.34	179.32	123.74	96.02	79.45	60.62	54.79	46.71	41.41
5000	432.93	224.15	154.68	120.03	99.31	75.77	68.49	58.38	51.76
6000	519.51	268.98	185.61	144.03	119.17	90.93	82.18	70.06	62.11
7000	606.10	313.81	216.54	168.03	139.03	106.08	95.88	81.73	72.46
8000	692.68	358.64	247.48	192.04	158.89	121.24	109.57	93.41	82.81
9000	779.26	403.47	278.41	216.04	178.75	136.39	123.27	105.08	93.16
10000	865.85	448.30	309.35	240.05	198.61	151.54	136.97	116.76	103.51
15000	1298.77	672.44	464.02	360.07	297.91	227.31	205.45	175.14	155.26
20000	1731.69	896.59	618.69	480.09	397.21	303.08	273.93	233.51	207.02
25000	2164.61	1120.74	773.36	600.11	496.51	378.85	342.41	291.89	258.77
30000	2597.54	1344.88	928.03	720.13	595.81	454.62	410.89	350.27	310.52
35000	3030.46	1569.03	1082.70	840.15	695.11	530.39	479.37	408.64	362.27
40000	3463.38	1793.18	1237.38	960.18	794.41	606.16	547.85	467.02	414.03
45000	3896.30	2017.32	1392.05	1080.20	893.72	681.93	616.33	525.40	465.78
46000	3982.89	2062.15	1422.98	1104.20	913.58	697.08	630.02	537.07	476.13
47000	4069.47	2106.98	1453.92	1128.21	933.44	712.24	643.72	548.75	486.48
48000	4156.06	2151.81	1484.85	1152.21	953.30	727.39	657.41	560.42	496.83
49000	4242.64	2196.64	1515.78	1176.21	973.16	742.54	671.11	572.10	507.18
50000	4329.22	2241.47	1546.72	1200.22	993.02	757.70	684.81	583.77	517.53
51000	4415.81	2286.30	1577.65	1224.22	1012.88	772.85	698.50	595.45	527.88
52000	4502.39	2331.13	1608.59	1248.23	1032.74	788.01	712.20	607.12	538.23
53000	4588.98	2375.96	1639.52	1272.23	1052.60	803.16	725.89	618.80	548.58
54000	4675.56	2420.79	1670.46	1296.24	1072.46	818.31	739.59	630.48	558.94
55000	4762.15	2465.61	1701.39	1320.24	1092.32	833.47	753.29	642.15	569.29
56000	4848.73	2510.44	1732.32	1344.24	1112.18	848.62	766.98	653.83	579.64
57000	4935.31	2555.27	1763.26	1368.25	1132.04	863.77	780.68	665.50	589.99
58000	5021.90	2600.10	1794.19	1392.25	1151.90	878.93	794.37	677.18	600.34
59000	5108.48	2644.93	1825.13	1416.26	1171.76	894.08	808.07	688.85	610.69
60000	5195.07	2689.76	1856.06	1440.26	1191.62	909.24	821.77	700.53	621.04
61000	5281.65	2734.59	1887.00	1464.27	1211.48	924.39	835.46	712.20	631.39
62000	5368.24	2779.42	1917.93	1488.27	1231.34	939.54	849.16	723.88	641.74
63000	5454.82	2824.25	1948.86	1512.27	1251.20	954.70	862.85	735.55	652.09
64000	5541.41	2869.08	1979.80	1536.28	1271.06	969.85	876.55	747.23	662.44
65000	5627.99	2913.91	2010.73	1560.28	1290.92	985.01	890.25	758.90	672.79
67500	5844.45	3025.98	2088.07	1620.29	1340.57	1022.89	924.49	788.09	698.67
70000	6060.91	3138.05	2165.40	1680.30	1390.22	1060.78	958.73	817.28	724.54
75000	6493.83	3362.20	2320.08	1800.33	1489.52	1136.54	1027.21	875.66	776.30
80000	6926.76	3586.35	2474.75	1920.35	1588.82	1212.31	1095.69	934.03	828.05
85000	7359.68	3810.49	2629.42	2040.37	1688.12	1288.08	1164.17	992.41	879.80
90000	7792.60	4034.64	2784.09	2160.39	1787.43	1363.85	1232.65	1050.79	931.56
95000	8225.52	4258.79	2938.76	2280.41	1886.73	1439.62	1301.13	1109.17	983.31
100000	8658.44	4482.93	3093.43	2400.43	1986.03	1515.39	1369.61	1167.54	1035.06
105000	9091.37	4707.08	3248.10	2520.45	2085.33	1591.16	1438.09	1225.92	1086.81
110000	9524.29	4931.22	3402.78	2640.48	2184.63	1666.93	1506.57	1284.30	1138.57
115000	9957.21	5155.37	3557.45	2760.50	2283.93	1742.70	1575.05	1342.67	1190.32
120000	10390.13	5379.52	3712.12	2880.52	2383.23	1818.47	1643.53	1401.05	1242.07
125000	10823.05	5603.66	3866.79	3000.54	2482.53	1894.24	1712.01	1459.43	1293.83
130000	11255.97	5827.81	4021.46	3120.56	2581.83	1970.01	1780.49	1517.80	1345.58
135000	11688.90	6051.96	4176.13	3240.58	2681.14	2045.78	1848.97	1576.18	1397.33
140000	12121.82	6276.10	4330.80	3360.60	2780.44	2121.55	1917.45	1634.56	1449.08
145000	12554.74	6500.25	4485.48	3480.63	2879.74	2197.31	1985.93	1692.93	1500.84
150000	12987.66	6724.40	4640.15	3600.65	2979.04	2273.08	2054.41	1751.31	1552.59

PAGO MENSUAL
Necesario para amortizar un préstamo

CANTIDAD	15 años	18 años	20 años	25 años	28 años	29 años	30 años	35 años	40 años
50	46	42	40	36	35	35	34	33	32
100	91	83	79	72	69	69	68	65	64
200	1.82	1.65	1.57	1.43	1.38	1.37	1.35	1.30	1.27
300	2.72	2.47	2.35	2.15	2.07	2.05	2.03	1.95	1.90
400	3.63	3.30	3.14	2.86	2.76	2.73	2.70	2.60	2.53
500	4.53	4.12	3.92	3.58	3.44	3.41	3.37	3.24	3.16
600	5.44	4.94	4.70	4.29	4.13	4.09	4.05	3.89	3.79
700	6.35	5.76	5.48	5.01	4.82	4.77	4.72	4.54	4.42
800	7.25	6.59	6.27	5.72	5.51	5.45	5.39	5.19	5.05
900	8.16	7.41	7.05	6.44	6.20	6.13	6.07	5.83	5.68
1000	9.06	8.23	7.83	7.15	6.88	6.81	6.74	6.48	6.31
2000	18.12	16.46	15.66	14.30	13.76	13.61	13.48	12.96	12.62
3000	27.18	24.69	23.49	21.45	20.64	20.42	20.22	19.43	18.92
4000	36.24	32.92	31.32	28.60	27.52	27.22	26.95	25.91	25.23
5000	45.30	41.15	39.15	35.74	34.40	34.03	33.69	32.39	31.53
6000	54.35	49.37	46.97	42.89	41.28	40.83	40.43	38.86	37.84
7000	63.41	57.60	54.80	50.04	48.16	47.64	47.17	45.34	44.14
8000	72.47	65.83	62.63	57.19	55.03	54.44	53.90	51.82	50.45
9000	81.53	74.06	70.46	64.33	61.91	61.25	60.64	58.29	56.75
10000	90.59	82.29	78.29	71.48	68.79	68.05	67.38	64.77	63.06
15000	135.88	123.43	117.43	107.22	103.18	102.07	101.06	97.15	94.58
20000	181.17	164.57	156.57	142.96	137.58	136.10	134.75	129.53	126.11
25000	226.46	205.71	195.71	178.70	171.97	170.12	168.43	161.92	157.64
30000	271.75	246.85	234.85	214.44	206.36	204.14	202.12	194.30	189.16
35000	317.05	287.99	273.99	250.18	240.76	238.17	235.81	226.68	220.69
40000	362.34	329.13	313.13	285.91	275.15	272.19	269.49	259.06	252.22
45000	407.63	370.27	352.27	321.65	309.54	306.21	303.18	291.44	283.74
46000	416.69	378.50	360.10	328.80	316.42	313.02	309.92	297.92	290.05
47000	425.75	386.73	367.93	335.95	323.30	319.82	316.65	304.40	296.35
48000	434.80	394.96	375.76	343.10	330.18	326.63	323.39	310.87	302.66
49000	443.86	403.19	383.59	350.24	337.06	333.43	330.13	317.35	308.97
50000	452.92	411.42	391.41	357.39	343.94	340.24	336.86	323.83	315.27
51000	461.98	419.64	399.24	364.54	350.81	347.04	343.60	330.30	321.58
52000	471.04	427.87	407.07	371.69	357.69	353.85	350.34	336.78	327.88
53000	480.10	436.10	414.90	378.83	364.57	360.65	357.08	343.25	334.19
54000	489.15	444.33	422.73	385.98	371.45	367.46	363.81	349.73	340.49
55000	498.21	452.56	430.56	393.13	378.33	374.26	370.55	356.21	346.80
56000	507.27	460.78	438.38	400.28	385.21	381.07	377.29	362.68	353.10
57000	516.33	469.01	446.21	407.43	392.09	387.87	384.02	369.16	359.41
58000	525.39	477.24	454.04	414.57	398.97	394.68	390.76	375.64	365.71
59000	534.45	485.47	461.87	421.72	405.84	401.48	397.50	382.11	372.02
60000	543.50	493.70	469.70	428.87	412.72	408.28	404.24	388.59	378.32
61000	552.56	501.93	477.53	436.02	419.60	415.09	410.97	395.07	384.63
62000	561.62	510.15	485.35	443.16	426.48	421.89	417.71	401.54	390.93
63000	570.68	518.38	493.18	450.31	433.36	428.70	424.45	408.02	397.24
64000	579.74	526.61	501.01	457.46	440.24	435.50	431.18	414.50	403.55
65000	588.80	534.84	508.84	464.61	447.12	442.31	437.92	420.97	409.85
67500	611.44	555.41	528.41	482.48	464.31	459.32	454.77	437.16	425.81
70000	634.09	575.98	547.98	500.35	481.51	476.33	471.61	453.35	441.38
75000	679.38	617.12	587.12	536.08	515.90	510.35	505.29	485.74	472.90
80000	724.67	658.26	626.26	571.82	550.29	544.38	538.98	518.12	504.43
85000	769.96	699.40	665.40	607.56	584.69	578.40	572.67	550.50	535.96
90000	815.25	740.54	704.54	643.30	619.08	612.42	606.35	582.88	567.48
95000	860.54	781.68	743.68	679.04	653.47	646.45	640.04	615.26	599.01
100000	905.84	822.83	782.82	714.78	687.87	680.47	673.72	647.65	630.54
105000	951.13	863.97	821.97	750.52	722.26	714.49	707.41	680.03	662.06
110000	996.42	905.11	861.11	786.26	756.65	748.52	741.10	712.41	693.59
115000	1041.71	946.25	900.25	821.99	791.05	782.54	774.78	744.79	725.12
120000	1087.00	987.39	939.39	857.73	825.44	816.56	808.47	777.17	756.64
125000	1132.29	1028.53	978.53	893.47	859.83	850.59	842.15	809.56	788.17
130000	1177.59	1069.67	1017.67	929.21	894.23	884.61	875.84	841.94	819.70
135000	1222.88	1110.81	1056.81	964.95	928.62	918.63	909.53	874.32	851.22
140000	1268.17	1151.95	1095.95	1000.69	963.01	952.66	943.21	906.70	882.75
145000	1313.46	1193.10	1135.09	1036.43	997.41	986.68	976.90	939.08	914.28
150000	1358.75	1234.24	1174.23	1072.16	1031.80	1020.70	1010.58	971.47	945.80

PAGO MENSUAL
Necesario para amortizar un préstamo

CANTIDAD	1 años	2 años	3 años	4 años	5 años	7 años	8 años	10 años	12 años
50	4.34	2.25	1.55	1.21	1.00	.77	.69	.59	.53
100	8.67	4.49	3.10	2.41	2.00	1.53	1.38	1.18	1.05
200	17.33	8.98	6.20	4.82	3.99	3.05	2.76	2.35	2.09
300	26.00	13.47	9.30	7.22	5.98	4.57	4.13	3.53	3.13
400	34.66	17.96	12.40	9.63	7.97	6.09	5.51	4.70	4.17
500	43.33	22.45	15.50	12.04	9.96	7.61	6.88	5.88	5.21
600	51.99	26.94	18.60	14.44	11.96	9.13	8.26	7.05	6.26
700	60.65	31.43	21.70	16.85	13.95	10.66	9.64	8.22	7.30
800	69.32	35.91	24.80	19.25	15.94	12.18	11.01	9.40	8.34
900	77.98	40.40	27.90	21.66	17.93	13.70	12.39	10.57	9.38
1000	86.65	44.89	31.00	24.07	19.92	15.22	13.76	11.75	10.42
2000	173.29	89.78	61.99	48.13	39.84	30.44	27.52	23.49	20.84
3000	259.93	134.66	92.98	72.19	59.76	45.65	41.28	35.23	31.26
4000	346.57	179.55	123.97	96.25	79.68	60.87	55.04	46.97	41.68
5000	433.22	224.44	154.96	120.32	99.60	76.08	68.80	58.71	52.09
6000	519.86	269.32	185.95	144.38	119.52	91.30	82.56	70.45	62.51
7000	606.50	314.21	216.95	168.44	139.44	106.51	96.31	82.19	72.93
8000	693.14	359.09	247.94	192.50	159.36	121.73	110.07	93.93	83.35
9000	779.78	403.98	278.93	216.57	179.28	136.94	123.83	105.67	93.76
10000	866.43	448.87	309.92	240.63	199.20	152.16	137.59	117.41	104.18
15000	1299.64	673.30	464.88	360.94	298.80	228.23	206.38	176.11	156.27
20000	1732.85	897.73	619.84	481.25	398.39	304.31	275.17	234.81	208.36
25000	2166.06	1122.16	774.79	601.57	497.99	380.38	343.97	293.51	260.44
30000	2599.27	1346.59	929.75	721.88	597.59	456.46	412.76	352.21	312.53
35000	3032.48	1571.02	1084.71	842.19	697.18	532.54	481.55	410.91	364.62
40000	3465.69	1795.45	1239.67	962.50	796.78	608.61	550.34	469.61	416.71
45000	3898.90	2019.88	1394.62	1082.81	896.38	684.69	619.14	528.31	468.80
46000	3985.54	2064.76	1425.62	1106.88	916.30	699.90	632.89	540.05	479.21
47000	4072.18	2109.65	1456.61	1130.94	936.21	715.12	646.65	551.79	489.63
48000	4158.82	2154.53	1487.60	1155.00	956.13	730.33	660.41	563.53	500.05
49000	4245.46	2199.42	1518.59	1179.06	976.05	745.55	674.17	575.27	510.47
50000	4332.11	2244.31	1549.58	1203.13	995.97	760.76	687.93	587.01	520.88
51000	4418.75	2289.19	1580.57	1227.19	1015.89	775.98	701.69	598.75	531.30
52000	4505.39	2334.08	1611.56	1251.25	1035.81	791.19	715.44	610.49	541.72
53000	4592.03	2378.96	1642.56	1275.31	1055.73	806.41	729.20	622.23	552.14
54000	4678.68	2423.85	1673.55	1299.37	1075.65	821.62	742.96	633.97	562.55
55000	4765.32	2468.74	1704.54	1323.44	1095.57	836.84	756.72	645.71	572.97
56000	4851.96	2513.62	1735.53	1347.50	1115.49	852.06	770.48	657.45	583.39
57000	4938.60	2558.51	1766.52	1371.56	1135.41	867.27	784.24	669.19	593.81
58000	5025.24	2603.39	1797.51	1395.62	1155.33	882.49	798.00	680.93	604.22
59000	5111.89	2648.28	1828.51	1419.69	1175.25	897.70	811.75	692.67	614.64
60000	5198.53	2693.17	1859.50	1443.75	1195.17	912.92	825.51	704.41	625.06
61000	5285.17	2738.05	1890.49	1467.81	1215.09	928.13	839.27	716.15	635.48
62000	5371.81	2782.94	1921.48	1491.87	1235.01	943.35	853.03	727.89	645.89
63000	5458.45	2827.82	1952.47	1515.94	1254.92	958.56	866.79	739.63	656.31
64000	5545.10	2872.71	1983.46	1540.00	1274.84	973.78	880.55	751.37	666.73
65000	5631.74	2917.60	2014.45	1564.06	1294.76	988.99	894.30	763.11	677.15
67500	5848.34	3029.81	2091.93	1624.22	1344.56	1027.03	928.70	792.46	703.19
70000	6064.95	3142.03	2169.41	1684.37	1394.36	1065.07	963.10	821.81	729.23
75000	6498.16	3366.46	2324.37	1804.69	1493.96	1141.14	1031.89	880.51	781.32
80000	6931.37	3590.89	2479.33	1925.00	1593.55	1217.22	1100.68	939.21	833.41
85000	7364.58	3815.32	2634.28	2045.31	1693.15	1293.30	1169.47	997.91	885.50
90000	7797.79	4039.75	2789.24	2165.62	1792.75	1369.37	1238.27	1056.61	937.59
95000	8231.00	4264.18	2944.20	2285.93	1892.34	1445.45	1307.06	1115.31	989.67
100000	8664.21	4488.61	3099.16	2406.25	1991.94	1521.52	1375.85	1174.02	1041.76
105000	9097.42	4713.04	3254.12	2526.56	2091.54	1597.60	1444.64	1232.72	1093.85
110000	9530.63	4937.47	3409.07	2646.87	2191.13	1673.68	1513.44	1291.42	1145.94
115000	9963.84	5161.90	3564.03	2767.18	2290.73	1749.75	1582.23	1350.12	1198.02
120000	10397.05	5386.33	3718.99	2887.49	2390.33	1825.83	1651.02	1408.82	1250.11
125000	10830.26	5610.76	3873.95	3007.81	2489.93	1901.90	1719.81	1467.52	1302.20
130000	11263.47	5835.19	4028.90	3128.12	2589.52	1977.98	1788.60	1526.22	1354.29
135000	11696.68	6059.62	4183.86	3248.43	2689.12	2054.05	1857.40	1584.92	1406.38
140000	12129.89	6284.05	4338.82	3368.74	2788.72	2130.13	1926.19	1643.62	1458.46
145000	12563.10	6508.48	4493.78	3489.05	2888.31	2206.21	1994.98	1702.32	1510.55
150000	12996.31	6732.91	4648.73	3609.37	2987.91	2282.28	2063.77	1761.02	1562.64

CANTIDAD	PAGO MENSUAL — Necesario para amortizar un préstamo								
	15 años	18 años	20 años	25 años	28 años	29 años	30 años	35 años	40 años
50	46	42	40	37	35	35	35	33	32
100	92	84	80	73	70	69	69	66	64
200	1.83	1.67	1.59	1.45	1.40	1.38	1.37	1.32	1.28
300	2.74	2.50	2.38	2.17	2.09	2.07	2.05	1.97	1.92
400	3.66	3.33	3.17	2.90	2.79	2.76	2.73	2.63	2.56
500	4.57	4.16	3.96	3.62	3.49	3.45	3.42	3.29	3.20
600	5.48	4.99	4.75	4.34	4.18	4.14	4.10	3.94	3.84
700	6.40	5.82	5.54	5.06	4.88	4.83	4.78	4.60	4.48
800	7.31	6.65	6.33	5.79	5.57	5.52	5.46	5.26	5.12
900	8.22	7.48	7.12	6.51	6.27	6.20	6.14	5.91	5.76
1000	9.13	8.31	7.91	7.23	6.97	6.89	6.83	6.57	6.40
2000	18.26	16.61	15.81	14.46	13.93	13.78	13.65	13.13	12.80
3000	27.39	24.91	23.72	21.69	20.89	20.67	20.47	19.70	19.20
4000	36.52	33.21	31.62	28.92	27.85	27.56	27.29	26.26	25.59
5000	45.65	41.51	39.52	36.15	34.81	34.45	34.11	32.83	31.99
6000	54.78	49.82	47.43	43.37	41.77	41.34	40.94	39.39	38.39
7000	63.91	58.12	55.33	50.60	48.74	48.22	47.76	45.96	44.78
8000	73.03	66.42	63.24	57.83	55.70	55.11	54.58	52.52	51.18
9000	82.16	74.72	71.14	65.06	62.66	62.00	61.40	59.09	57.58
10000	91.29	83.02	79.04	72.29	69.62	68.89	68.22	65.65	63.97
15000	136.93	124.53	118.56	108.43	104.43	103.33	102.33	98.48	95.96
20000	182.58	166.04	158.08	144.57	139.24	137.77	136.44	131.30	127.94
25000	228.22	207.55	197.60	180.71	174.04	172.22	170.55	164.12	159.92
30000	273.86	249.06	237.12	216.85	208.85	206.66	204.66	196.95	191.91
35000	319.51	290.57	276.64	252.99	243.66	241.10	238.77	229.77	223.89
40000	365.15	332.07	316.18	289.13	278.47	275.54	272.88	262.59	255.87
45000	410.79	373.58	355.67	325.27	313.28	309.98	306.98	295.42	287.86
46000	419.92	381.88	363.58	332.50	320.24	316.87	313.81	301.98	294.25
47000	429.05	390.19	371.48	339.72	327.20	323.76	320.63	308.54	300.85
48000	438.18	398.49	379.39	346.95	334.16	330.65	327.45	315.11	307.05
49000	447.31	406.79	387.29	354.18	341.12	337.54	334.27	321.67	313.44
50000	456.44	415.09	395.19	361.41	348.08	344.43	341.09	328.24	319.84
51000	465.57	423.39	403.10	368.64	355.05	351.32	347.91	334.80	326.24
52000	474.69	431.69	411.00	375.86	362.01	358.20	354.74	341.37	332.63
53000	483.82	440.00	418.90	383.09	368.97	365.09	361.56	347.93	339.03
54000	492.95	448.30	426.81	390.32	375.93	371.98	368.38	354.50	345.43
55000	502.08	456.60	434.71	397.55	382.89	378.87	375.20	361.06	351.82
56000	511.21	464.90	442.62	404.78	389.85	385.76	382.02	367.63	358.22
57000	520.34	473.20	450.52	412.00	396.81	392.65	388.85	374.19	364.62
58000	529.47	481.50	458.42	419.23	403.78	399.53	395.67	380.76	371.01
59000	538.59	489.81	466.33	426.46	410.74	406.42	402.49	387.32	377.41
60000	547.72	498.11	474.23	433.69	417.70	413.31	409.31	393.89	383.81
61000	556.85	506.41	482.13	440.92	424.66	420.20	416.13	400.45	390.20
62000	565.98	514.71	490.04	448.15	431.62	427.09	422.95	407.01	396.60
63000	575.11	523.01	497.94	455.37	438.58	433.98	429.78	413.58	403.00
64000	584.24	531.32	505.85	462.60	445.55	440.86	436.60	420.14	409.40
65000	593.37	539.62	513.75	469.83	452.51	447.75	443.42	426.71	415.79
67500	616.19	560.37	533.51	487.90	469.91	464.97	460.47	443.12	431.78
70000	639.01	581.13	553.27	505.97	487.31	482.20	477.53	459.53	447.78
75000	684.65	622.63	592.79	542.11	522.12	516.64	511.64	492.36	479.76
80000	730.30	664.14	632.31	578.25	556.93	551.08	545.75	525.18	511.74
85000	775.94	705.65	671.82	614.39	591.74	585.52	579.85	558.00	543.73
90000	821.58	747.16	711.34	650.53	626.55	619.96	613.96	590.83	575.71
95000	867.22	788.67	750.86	686.67	661.35	654.41	648.07	623.65	607.69
100000	912.87	830.18	790.38	722.81	696.16	688.85	682.18	656.47	639.88
105000	958.51	871.69	829.90	758.95	730.97	723.29	716.29	689.30	671.66
110000	1004.15	913.19	869.42	795.09	765.78	757.73	750.40	722.12	703.64
115000	1049.80	954.70	908.94	831.23	800.59	792.17	784.51	754.94	735.63
120000	1095.44	996.21	948.46	867.37	835.39	826.62	818.62	787.77	767.61
125000	1141.08	1037.72	987.97	903.51	870.20	861.06	852.73	820.59	799.59
130000	1186.73	1079.23	1027.49	939.65	905.01	895.50	886.83	853.41	831.58
135000	1232.37	1120.74	1067.01	975.79	939.82	929.94	920.94	886.24	863.56
140000	1278.01	1162.25	1106.53	1011.93	974.62	964.39	955.05	919.06	895.55
145000	1323.66	1203.75	1146.05	1048.07	1009.43	998.83	989.16	951.88	927.53
150000	1369.30	1245.26	1185.57	1084.22	1044.24	1033.27	1023.27	984.71	959.51

<table>
<tr><th rowspan="3">7⅜ %</th><th colspan="9">PAGO MENSUAL</th></tr>
<tr><th colspan="9">Necesario para amortizar un préstamo</th></tr>
</table>

CANTIDAD	1 años	2 años	3 años	4 años	5 años	7 años	8 años	10 años	12 años
50	4.34	2.25	1.56	1.21	1.00	.77	.70	.60	.53
100	8.67	4.50	3.11	2.42	2.00	1.53	1.39	1.19	1.05
200	17.34	8.99	6.21	4.83	4.00	3.06	2.77	2.37	2.10
300	26.01	13.49	9.32	7.24	6.00	4.59	4.15	3.55	3.15
400	34.68	17.98	12.42	9.65	8.00	6.12	5.53	4.73	4.20
500	43.35	22.48	15.53	12.07	9.99	7.64	6.92	5.91	5.25
600	52.02	26.97	18.63	14.48	11.99	9.17	8.30	7.09	6.30
700	60.69	31.46	21.74	16.89	13.99	10.70	9.68	8.27	7.34
800	69.36	35.96	24.84	19.30	15.99	12.23	11.06	9.45	8.39
900	78.03	40.45	27.95	21.71	17.99	13.75	12.44	10.63	9.44
1000	86.70	44.95	31.05	24.13	19.98	15.28	13.83	11.81	10.49
2000	173.40	89.89	62.10	48.25	39.96	30.56	27.65	23.62	20.97
3000	260.10	134.83	93.15	72.37	59.94	45.83	41.47	35.42	31.46
4000	346.80	179.78	124.20	96.49	79.92	61.11	55.29	47.23	41.94
5000	433.50	224.72	155.25	120.61	99.90	76.39	69.11	59.03	52.43
6000	520.20	269.66	186.30	144.73	119.88	91.66	82.93	70.84	62.91
7000	606.90	314.60	217.35	168.85	139.86	106.94	96.75	82.64	73.40
8000	693.60	359.55	248.40	192.97	159.83	122.22	110.57	94.45	83.88
9000	780.30	404.49	279.44	217.09	179.81	137.49	124.39	106.25	94.37
10000	867.00	449.43	310.49	241.21	199.79	152.77	138.22	118.06	104.85
15000	1300.50	674.15	465.74	361.81	299.68	229.15	207.32	177.08	157.28
20000	1734.00	898.86	620.98	482.42	399.58	305.54	276.43	236.11	209.70
25000	2167.50	1123.57	776.23	603.02	499.47	381.92	345.53	295.13	262.12
30000	2601.00	1348.29	931.47	723.62	599.36	458.30	414.64	354.16	314.55
35000	3034.50	1573.00	1086.71	844.23	699.26	534.69	483.74	413.18	366.97
40000	3467.99	1797.72	1241.96	964.83	799.15	611.07	552.85	472.21	419.40
45000	3901.49	2022.43	1397.20	1085.43	899.04	687.45	621.95	531.23	471.82
46000	3988.19	2067.37	1428.25	1109.55	919.02	702.73	635.77	543.04	482.31
47000	4074.89	2112.32	1459.30	1133.67	939.00	718.01	649.60	554.84	492.79
48000	4161.59	2157.26	1490.35	1157.79	958.98	733.28	663.42	566.65	503.27
49000	4248.29	2202.20	1521.40	1181.91	978.96	748.56	677.24	578.45	513.76
50000	4334.99	2247.14	1552.45	1206.04	998.94	763.84	691.06	590.26	524.24
51000	4421.69	2292.09	1583.50	1230.16	1018.91	779.11	704.88	602.06	534.73
52000	4508.39	2337.03	1614.54	1254.28	1038.89	794.39	718.70	613.87	545.21
53000	4595.09	2381.97	1645.59	1278.40	1058.87	809.67	732.52	625.67	555.70
54000	4681.79	2426.91	1676.64	1302.52	1078.85	824.94	746.34	637.48	566.18
55000	4768.49	2471.86	1707.69	1326.64	1098.83	840.22	760.16	649.28	576.67
56000	4855.19	2516.80	1738.74	1350.76	1118.81	855.50	773.99	661.09	587.15
57000	4941.89	2561.74	1769.79	1374.88	1138.79	870.77	787.81	672.89	597.64
58000	5028.59	2606.69	1800.84	1399.00	1158.76	886.05	801.63	684.70	608.12
59000	5115.29	2651.63	1831.89	1423.12	1178.74	901.33	815.45	696.50	618.61
60000	5201.99	2696.57	1862.94	1447.24	1198.72	916.60	829.27	708.31	629.09
61000	5288.69	2741.51	1893.98	1471.36	1248.70	931.88	843.09	720.11	639.58
62000	5375.39	2786.46	1925.03	1495.48	1238.68	947.16	856.91	731.92	650.06
63000	5462.09	2831.40	1956.08	1519.60	1258.66	962.43	870.73	743.72	660.55
64000	5548.79	2876.34	1987.13	1543.72	1278.64	977.71	884.55	755.53	671.03
65000	5635.49	2921.29	2018.18	1567.84	1298.61	992.99	898.38	767.33	681.52
67500	5852.24	3033.64	2095.80	1628.15	1348.56	1031.18	932.93	796.85	707.73
70000	6068.99	3146.00	2173.42	1688.45	1398.51	1069.37	967.48	826.36	733.94
75000	6502.48	3370.71	2328.67	1809.05	1498.40	1145.75	1036.59	885.38	786.36
80000	6935.98	3595.43	2483.91	1929.65	1598.29	1222.14	1105.89	944.41	838.79
85000	7369.48	3820.14	2639.16	2050.26	1698.19	1298.52	1174.80	1003.43	891.21
90000	7802.98	4044.85	2794.40	2170.86	1798.08	1374.90	1243.90	1062.46	943.64
95000	8236.48	4269.57	2949.64	2291.46	1897.97	1451.29	1313.01	1121.48	996.06
100000	8669.98	4494.28	3104.89	2412.07	1997.87	1527.67	1382.11	1180.51	1048.48
105000	9103.48	4719.00	3260.13	2532.67	2097.76	1604.05	1451.22	1239.53	1100.91
110000	9536.97	4943.71	3415.38	2653.27	2197.65	1680.44	1520.32	1298.56	1153.33
115000	9970.47	5168.42	3570.62	2773.88	2297.54	1756.82	1589.43	1357.58	1205.76
120000	10403.97	5393.14	3725.87	2894.48	2397.44	1833.20	1658.53	1416.61	1258.18
125000	10837.47	5617.85	3881.11	3015.08	2497.33	1909.59	1727.64	1475.63	1310.60
130000	11270.97	5842.57	4036.35	3135.68	2597.22	1985.97	1796.75	1534.66	1363.03
135000	11704.47	6067.28	4191.60	3256.29	2697.12	2062.35	1865.85	1593.69	1415.45
140000	12137.97	6291.99	4346.84	3376.89	2797.01	2138.74	1934.96	1652.71	1467.88
145000	12571.46	6516.71	4502.09	3497.49	2896.90	2215.12	2004.06	1711.74	1520.30
150000	13004.96	6741.42	4657.33	3618.10	2996.80	2291.50	2073.17	1770.76	1572.72

PAGO MENSUAL
Necesario para amortizar un préstamo

CANTIDAD	15 años	18 años	20 años	25 años	28 años	29 años	30 años	35 años	40 años
50	46	42	40	37	36	35	35	34	33
100	92	84	80	74	71	70	70	67	65
200	1.84	1.68	1.60	1.47	1.41	1.40	1.39	1.34	1.30
300	2.76	2.52	2.40	2.20	2.12	2.10	2.08	2.00	1.95
400	3.68	3.36	3.20	2.93	2.82	2.79	2.77	2.67	2.60
500	4.60	4.19	3.99	3.66	3.53	3.49	3.46	3.33	3.25
600	5.52	5.03	4.79	4.39	4.23	4.19	4.15	4.00	3.90
700	6.44	5.87	5.59	5.12	4.94	4.89	4.84	4.66	4.55
800	7.36	6.71	6.39	5.85	5.64	5.58	5.53	5.33	5.20
900	8.28	7.54	7.19	6.58	6.35	6.28	6.22	5.99	5.84
1000	9.20	8.38	7.98	7.31	7.05	6.98	6.91	6.66	6.49
2000	18.40	16.76	15.96	14.62	14.09	13.95	13.82	13.31	12.98
3000	27.60	25.13	23.94	21.93	21.14	20.92	20.73	19.97	19.47
4000	36.80	33.51	31.92	29.24	28.18	27.90	27.63	26.62	25.96
5000	46.00	41.88	39.90	36.55	35.23	34.87	34.54	33.27	32.45
6000	55.20	50.26	47.88	43.86	42.27	41.84	41.45	39.93	38.94
7000	64.40	58.63	55.86	51.17	49.32	48.81	48.35	46.58	45.42
8000	73.60	67.01	63.84	58.48	56.36	55.79	55.26	53.23	51.91
9000	82.80	75.39	71.82	65.78	63.41	62.76	62.17	59.89	58.40
10000	92.00	83.76	79.80	73.09	70.45	69.73	69.07	66.54	64.89
15000	137.99	125.64	119.70	109.64	105.68	104.59	103.61	99.81	97.33
20000	183.99	167.52	159.60	146.18	140.90	139.46	138.14	133.07	129.78
25000	229.99	209.39	199.50	182.72	176.13	174.32	172.67	166.34	162.22
30000	275.98	251.27	239.40	219.27	211.35	209.18	207.21	199.61	194.66
35000	321.98	293.15	279.29	255.81	246.58	244.05	241.74	232.87	227.10
40000	367.97	335.03	319.19	292.36	281.80	278.91	276.28	266.14	259.55
45000	413.97	376.91	359.09	328.90	317.03	313.77	310.81	299.41	291.99
46000	423.17	385.28	367.07	336.21	324.07	320.75	317.72	306.06	298.48
47000	432.37	393.66	375.05	343.52	331.12	327.72	324.62	312.71	304.97
48000	441.57	402.03	383.03	350.83	338.16	334.69	331.53	319.37	311.45
49000	450.77	410.41	391.01	358.14	345.21	341.66	338.44	326.02	317.94
50000	459.97	418.78	398.99	365.44	352.25	348.64	345.34	332.67	324.43
51000	469.17	427.16	406.97	372.75	359.30	355.61	352.25	339.33	330.92
52000	478.37	435.53	414.95	380.06	366.34	362.58	359.16	345.98	337.41
53000	487.56	443.91	422.93	387.37	373.39	369.55	366.06	352.63	343.90
54000	496.76	452.29	430.91	394.68	380.43	376.53	372.97	359.29	350.39
55000	505.96	460.66	438.89	401.99	387.48	383.50	379.88	365.94	356.87
56000	515.16	469.04	446.87	409.30	394.52	390.47	386.78	372.59	363.36
57000	524.36	477.41	454.85	416.81	401.57	397.44	393.69	379.25	369.85
58000	533.56	485.79	462.83	423.92	408.61	404.42	400.60	385.90	376.34
59000	542.76	494.16	470.81	431.22	415.66	411.39	407.50	392.55	382.83
60000	551.96	502.54	478.79	438.53	422.70	418.36	414.41	399.21	389.32
61000	561.16	510.91	486.76	445.84	429.75	425.33	421.32	405.86	395.80
62000	520.36	519.29	494.74	453.15	436.79	432.31	428.22	412.51	402.29
63000	579.56	527.67	502.72	460.46	443.84	439.28	435.13	419.17	408.78
64000	588.76	536.04	510.70	467.77	450.88	446.25	442.04	425.82	415.27
65000	597.96	544.42	518.68	475.08	457.92	453.22	448.94	432.47	421.76
67500	620.95	565.36	538.63	493.35	475.54	470.66	466.21	449.11	437.98
70000	643.95	586.29	558.58	511.62	493.15	488.09	483.48	465.74	454.20
75000	689.95	628.17	598.48	548.16	528.37	522.95	518.01	499.01	486.64
80000	735.94	670.05	638.38	584.71	563.60	557.81	552.55	532.27	519.09
85000	781.94	711.93	678.28	621.25	598.82	592.68	587.08	565.54	551.53
90000	827.94	753.81	718.18	657.80	634.05	627.54	621.61	598.81	583.97
95000	873.93	795.68	758.07	694.34	669.27	662.40	656.18	632.07	616.41
100000	919.93	837.56	797.97	730.88	704.50	697.27	690.68	665.34	648.86
105000	965.92	879.44	837.87	767.43	739.72	732.13	725.21	698.61	681.30
110000	1011.92	921.32	877.77	803.97	774.95	766.99	759.75	731.87	713.74
115000	1057.92	963.19	917.67	840.52	810.17	801.86	794.28	765.14	746.18
120000	1103.91	1005.07	957.57	877.06	845.40	836.72	828.82	798.41	778.63
125000	1149.91	1046.95	997.46	913.60	880.62	871.58	863.35	831.67	811.07
130000	1195.91	1088.83	1037.36	950.15	915.84	906.44	897.88	864.94	843.51
135000	1241.90	1130.71	1077.26	986.69	951.07	941.31	932.42	898.21	875.96
140000	1287.90	1172.58	1117.16	1023.24	986.29	976.17	966.95	931.47	908.40
145000	1333.89	1214.46	1157.06	1059.78	1021.52	1011.03	1001.48	964.74	940.84
150000	1379.89	1256.34	1196.96	1096.32	1056.74	1045.90	1036.02	998.01	973.28

PAGO MENSUAL
Necesario para amortizar un préstamo

CANTIDAD	1 años	2 años	3 años	4 años	5 años	7 años	8 años	10 años	12 años
50	4.34	2.25	1.56	1.21	1.01	.77	.70	.60	.53
100	8.68	4.50	3.12	2.42	2.01	1.54	1.39	1.19	1.06
200	17.36	9.00	6.23	4.84	4.01	3.07	2.78	2.38	2.12
300	26.03	13.50	9.34	7.26	6.02	4.61	4.17	3.57	3.17
400	34.71	18.00	12.45	9.68	8.02	6.14	5.56	4.75	4.23
500	43.38	22.50	15.56	12.09	10.02	7.67	6.95	5.94	5.28
600	52.06	27.00	18.67	14.51	12.03	9.21	8.34	7.13	6.34
700	60.74	31.50	21.78	16.93	14.03	10.74	9.72	8.31	7.39
800	69.41	36.00	24.89	19.35	16.04	12.28	11.11	9.50	8.45
900	78.09	40.50	28.00	21.77	18.04	13.81	12.50	10.69	9.50
1000	86.76	45.00	31.11	24.18	20.04	15.34	13.89	11.88	10.56
2000	173.52	90.00	62.22	48.36	40.08	30.68	27.77	23.75	21.11
3000	260.28	135.00	93.32	72.54	60.12	46.02	41.66	35.62	31.66
4000	347.03	180.00	124.43	96.72	80.16	61.36	55.54	47.49	42.21
5000	433.79	225.00	155.54	120.90	100.19	76.70	69.42	59.36	52.77
6000	520.55	270.00	186.64	145.08	120.23	92.03	83.31	71.23	63.32
7000	607.31	315.00	217.75	169.26	140.27	107.37	97.19	83.10	73.87
8000	694.06	360.00	248.85	193.44	160.31	122.71	111.08	94.97	84.42
9000	780.82	405.00	279.96	217.62	180.35	138.05	124.96	106.84	94.98
10000	867.58	450.00	311.07	241.79	200.38	153.39	138.84	118.71	105.53
15000	1301.37	675.00	466.60	362.69	300.57	230.08	208.26	178.06	158.29
20000	1735.15	900.00	622.13	483.58	400.76	306.77	277.68	237.41	211.05
25000	2168.94	1124.99	777.66	604.48	500.95	383.46	347.10	296.76	263.81
30000	2602.73	1349.99	933.19	725.37	601.14	460.15	416.52	356.11	316.57
35000	3036.51	1574.99	1088.72	846.27	701.33	536.84	485.94	415.46	369.33
40000	3470.30	1799.99	1244.25	967.16	801.52	613.54	555.36	474.81	422.10
45000	3904.09	2024.99	1399.78	1088.06	901.71	690.23	624.78	534.16	474.86
46000	3990.85	2069.99	1430.89	1112.23	921.75	705.57	638.66	546.03	485.41
47000	4077.60	2114.99	1462.00	1136.41	941.79	720.90	652.55	557.90	495.96
48000	4164.36	2159.99	1493.10	1160.59	961.83	736.24	666.43	569.77	506.51
49000	4251.12	2204.99	1524.21	1184.77	981.86	751.58	680.31	581.64	517.07
50000	4337.88	2249.98	1555.32	1208.95	1001.90	766.92	694.20	593.51	527.62
51000	4424.63	2294.98	1586.42	1233.13	1021.94	782.26	708.08	605.38	538.17
52000	4511.39	2339.98	1617.53	1257.31	1041.98	797.60	721.97	617.25	548.72
53000	4598.15	2384.98	1648.63	1281.49	1062.02	812.93	735.85	629.12	559.27
54000	4684.91	2429.98	1679.74	1305.67	1082.05	828.27	749.73	640.99	569.83
55000	4771.66	2474.98	1710.85	1329.84	1102.09	843.61	763.62	652.86	580.38
56000	4858.42	2519.98	1741.95	1354.02	1122.13	858.95	777.50	664.73	590.93
57000	4945.18	2564.98	1773.06	1378.20	1142.17	874.29	791.39	676.61	601.48
58000	5031.94	2609.98	1804.17	1402.38	1162.21	889.62	805.27	688.48	612.04
59000	5118.69	2654.98	1835.27	1426.56	1182.24	904.96	819.15	700.35	622.59
60000	5205.45	2699.98	1866.38	1450.74	1202.28	920.30	833.04	712.22	633.14
61000	5292.21	2744.98	1897.48	1474.92	1222.32	935.64	846.92	724.09	643.69
62000	5378.96	2789.98	1928.59	1499.10	1242.36	950.98	860.80	735.96	654.25
63000	5465.72	2834.98	1959.70	1523.28	1262.40	966.32	874.69	747.83	664.80
64000	5552.48	2879.98	1990.80	1547.45	1282.43	981.65	888.57	759.70	675.35
65000	5639.24	2924.98	2021.91	1571.63	1302.47	996.99	902.46	771.57	685.90
67500	5856.13	3037.48	2099.67	1632.08	1352.57	1035.34	937.17	801.24	712.28
70000	6073.02	3149.98	2177.44	1692.53	1402.66	1073.68	971.88	830.92	738.66
75000	6506.81	3374.97	2332.97	1813.42	1502.85	1150.38	1041.30	890.27	791.42
80000	6940.60	3599.97	2488.50	1934.32	1603.04	1227.07	1110.71	949.62	844.19
85000	7374.39	3824.97	2644.03	2055.21	1703.23	1303.76	1180.13	1008.97	896.95
90000	7808.17	4049.97	2799.56	2176.11	1803.42	1380.45	1249.55	1068.32	949.71
95000	8241.96	4274.97	2955.10	2297.00	1903.61	1457.14	1318.97	1127.67	1002.47
100000	8675.75	4499.96	3110.63	2417.90	2003.80	1533.83	1388.39	1187.02	1055.23
105000	9109.53	4724.96	3266.16	2538.79	2103.99	1610.52	1457.81	1246.37	1107.99
110000	9543.32	4949.96	3421.69	2659.68	2204.18	1687.22	1527.23	1305.72	1160.75
115000	9977.11	5174.96	3577.22	2780.58	2304.37	1763.91	1596.65	1365.08	1213.52
120000	10410.90	5399.96	3732.75	2901.47	2404.56	1840.60	1666.07	1424.43	1266.28
125000	10844.68	5624.95	3888.28	3022.37	2504.75	1917.29	1735.49	1483.78	1319.04
130000	11278.47	5849.95	4043.81	3143.26	2604.94	1993.98	1804.91	1543.13	1371.80
135000	11712.26	6074.95	4199.34	3264.16	2705.13	2070.67	1874.33	1602.48	1424.56
140000	12146.04	6299.95	4354.88	3385.05	2805.32	2147.36	1943.75	1661.83	1477.32
145000	12579.83	6524.95	4510.41	3505.95	2905.51	2224.05	2013.17	1721.18	1530.08
150000	13013.62	6749.94	4665.94	3626.84	3005.70	2300.75	2082.59	1780.53	1582.84

	PAGO MENSUAL								
	Necesario para amortizar un préstamo								
CANTIDAD	15 años	18 años	20 años	25 años	28 años	29 años	30 años	35 años	40 años
50	47	43	41	37	36	36	35	34	33
100	93	85	81	74	72	71	70	68	66
200	1.86	1.69	1.62	1.48	1.43	1.42	1.40	1.35	1.32
300	2.79	2.54	2.42	2.22	2.14	2.12	2.10	2.03	1.98
400	3.71	3.38	3.23	2.96	2.86	2.83	2.80	2.70	2.64
500	4.64	4.23	4.03	3.70	3.57	3.53	3.50	3.38	3.30
600	5.57	5.07	4.84	4.44	4.28	4.24	4.20	4.05	3.95
700	6.49	5.92	5.64	5.18	5.00	4.95	4.90	4.72	4.61
800	7.42	6.76	6.45	5.92	5.71	5.65	5.60	5.40	5.27
900	8.35	7.61	7.26	6.66	6.42	6.36	6.30	6.07	5.93
1000	9.28	8.45	8.06	7.39	7.13	7.06	7.00	6.75	6.59
2000	18.55	16.90	16.12	14.78	14.26	14.12	13.99	13.49	13.17
3000	27.82	25.35	24.17	22.17	21.39	21.18	20.98	20.23	19.75
4000	37.09	33.80	32.23	29.56	28.52	28.23	27.97	26.97	26.33
5000	46.36	42.25	40.28	36.95	35.65	35.29	34.97	33.72	32.91
6000	55.63	50.70	48.34	44.34	42.78	42.35	41.96	40.46	39.49
7000	64.90	59.15	56.40	51.73	49.91	49.41	48.95	47.20	46.07
8000	74.17	67.60	64.45	59.12	57.03	56.48	55.94	53.94	52.65
9000	83.44	76.05	72.51	66.51	64.16	63.52	62.93	60.69	59.23
10000	92.71	84.50	80.56	73.90	71.29	70.58	69.93	67.43	65.81
15000	139.06	126.75	120.84	110.85	106.94	105.86	104.89	101.14	98.72
20000	185.41	169.00	161.12	147.80	142.58	141.15	139.85	134.85	131.62
25000	231.76	211.25	201.40	184.75	178.22	176.44	174.81	168.57	164.52
30000	278.11	253.50	241.68	221.70	213.87	211.72	209.77	202.28	197.43
35000	324.46	295.75	281.96	258.65	249.51	247.01	244.73	235.99	230.33
40000	370.81	337.99	322.24	295	285.15	282.29	279.69	269.70	263.23
45000	417.16	380.24	362.52	332.55	320.80	317.58	314.65	303.41	296.14
46000	426.43	388.69	370.58	339.94	327.92	324.64	321.64	310.16	302.72
47000	435.70	397.11	378.63	347.33	335.05	331.69	328.84	316.90	309.30
48000	444.97	405.59	386.69	354.72	342.18	338.75	335.63	323.64	315.88
49000	454.24	414.04	394.75	362.11	349.31	345.81	342.62	330.38	322.48
50000	463.51	422.49	402.80	369.50	356.44	352.87	349.63	337.13	329.04
51000	472.78	430.94	410.86	376.89	363.57	359.92	356.60	343.87	335.62
52000	482.05	439.39	418.91	384.28	370.70	366.98	363.60	350.61	342.20
53000	491.32	447.84	426.97	391.67	377.82	374.04	370.59	357.35	348.78
54000	500.59	456.29	435.03	399.06	384.95	381.09	377.58	364.10	355.36
55000	509.86	464.74	443.08	406.45	392.08	388.15	384.57	370.84	361.94
56000	519.13	473.19	451.14	413.84	399.21	395.21	391.57	377.58	368.52
57000	528.40	481.64	459.19	421.23	406.34	402.27	398.56	384.32	375.11
58000	537.67	490.09	467.25	428.62	413.47	409.32	405.55	391.07	381.69
59000	546.94	498.54	475.30	436.01	420.60	416.38	412.54	397.81	388.27
60000	556.21	506.99	483.36	443.40	427.73	423.44	419.53	404.55	394.85
61000	565.48	515.44	491.42	450.79	434.85	430.49	426.53	411.29	401.43
62000	574.75	523.89	499.47	458.18	441.98	437.55	433.52	418.04	408.01
63000	584.02	532.34	507.53	465.57	449.11	444.61	440.51	424.78	414.59
64000	593.29	540.79	515.58	472.96	456.24	451.67	447.50	431.52	421.17
65000	602.56	549.24	523.64	480.35	463.37	458.72	454.49	438.26	427.75
67500	625.74	570.36	543.78	498.82	481.19	476.37	471.97	455.12	444.20
70000	648.91	591.49	563.92	517.30	499.01	494.01	489.46	471.97	460.65
75000	695.26	633.73	604.20	554.25	534.66	529.30	524.47	505.69	493.56
80000	741.61	675.98	644.48	591.20	570.30	564.58	559.38	539.40	526.46
85000	787.97	718.23	684.76	628.15	605.94	599.87	594.34	573.11	559.37
90000	834.32	760.48	725.04	665.10	641.59	635.15	629.30	606.82	592.27
95000	880.67	802.73	765.32	702.05	677.23	670.44	664.26	640.54	625.17
100000	927.02	844.98	805.80	739.00	712.87	705.73	699.22	674.25	658.08
105000	973.37	887.23	845.88	775.95	748.52	741.01	734.18	707.96	690.98
110000	1019.72	929.48	886.16	812.90	784.16	776.30	769.14	741.67	723.88
115000	1066.07	971.72	926.44	849.84	819.80	811.58	804.10	775.38	756.79
120000	1112.42	1013.97	966.72	886.79	855.45	846.87	839.06	809.10	789.69
125000	1158.77	1056.22	1007.00	923.74	891.09	882.16	874.02	842.81	822.59
130000	1205.12	1098.47	1047.28	960.69	926.73	917.44	908.98	876.52	855.50
135000	1251.47	1140.72	1087.56	997.64	962.38	952.73	943.94	910.23	888.40
140000	1297.82	1182.97	1127.84	1034.59	998.02	988.01	978.91	943.94	921.30
145000	1344.17	1225.22	1168.12	1071.54	1033.66	1023.30	1013.87	977.66	954.21
150000	1390.52	1267.46	1208.39	1108.49	1069.31	1058.59	1048.83	1011.37	987.11

7⅝ %	PAGO MENSUAL								
	Necesario para amortizar un préstamo								
CANTIDAD	1 años	2 años	3 años	4 años	5 años	7 años	8 años	10 años	12 años
50	4.35	2.26	1.56	1.22	1.01	.78	.70	.60	.54
100	8.69	4.51	3.12	2.43	2.01	1.55	1.40	1.20	1.07
200	17.37	9.02	6.24	4.85	4.02	3.09	2.79	2.39	2.13
300	26.05	13.52	9.35	7.28	6.03	4.63	4.19	3.59	3.19
400	34.73	18.03	12.47	9.70	8.04	6.17	5.58	4.78	4.25
500	43.41	22.53	15.59	12.12	10.05	7.71	6.98	5.97	5.31
600	52.09	27.04	18.70	14.55	12.06	9.25	8.37	7.17	6.38
700	60.78	31.54	21.82	16.97	14.07	10.79	9.77	8.36	7.44
800	69.46	36.05	24.94	19.39	16.08	12.33	11.16	9.55	8.50
900	78.14	40.56	28.05	21.82	18.09	13.87	12.56	10.75	9.56
1000	86.82	45.06	31.17	24.24	20.10	15.41	13.95	11.94	10.62
2000	173.64	90.12	62.33	48.48	40.20	30.81	27.90	23.88	21.24
3000	260.45	135.17	93.50	72.72	60.30	46.21	41.85	35.81	31.86
4000	347.27	180.23	124.66	96.95	80.39	61.61	55.79	47.75	42.48
5000	434.08	225.29	155.82	121.19	100.49	77.01	69.74	59.68	53.10
6000	520.90	270.34	186.99	145.43	120.59	92.41	83.69	71.62	63.72
7000	607.71	315.40	218.15	169.67	140.69	107.81	97.63	83.55	74.34
8000	694.53	360.46	249.31	193.90	160.78	123.21	111.58	95.49	84.96
9000	781.34	405.51	280.48	218.14	180.88	138.61	125.53	107.42	95.58
10000	868.16	450.57	311.64	242.38	200.98	154.01	139.47	119.36	106.20
15000	1302.23	675.85	467.46	363.56	301.47	231.01	209.21	179.04	159.30
20000	1736.31	901.13	623.28	484.75	401.95	308.01	278.94	238.72	212.40
25000	2170.38	1126.42	779.10	605.94	502.44	385.01	348.68	298.39	265.50
30000	2604.46	1351.70	934.91	727.12	602.93	462.01	418.41	358.07	318.60
35000	3038.53	1576.98	1090.73	848.31	703.41	539.01	488.14	417.75	371.70
40000	3472.61	1802.26	1246.55	969.50	803.90	616.01	557.88	477.43	424.80
45000	3906.69	2027.55	1402.37	1090.68	904.39	693.01	627.61	537.10	477.90
46000	3993.50	2072.60	1433.53	1114.92	924.49	708.41	641.56	549.04	488.52
47000	4080.32	2117.66	1464.70	1139.16	944.58	723.81	655.51	560.97	499.14
48000	4167.13	2162.71	1495.86	1163.39	964.68	739.21	669.45	572.91	509.76
49000	4253.95	2207.77	1527.02	1187.63	984.78	754.61	683.40	584.85	520.38
50000	4340.76	2252.83	1558.19	1211.87	1004.88	770.01	697.35	596.78	531.00
51000	4427.58	2297.88	1589.35	1236.11	1024.97	785.41	711.29	608.72	541.62
52000	4514.39	2342.94	1620.52	1260.34	1045.07	800.81	725.24	620.65	552.24
53000	4601.21	2388.00	1651.68	1284.58	1065.17	816.21	739.19	632.59	562.86
54000	4688.02	2433.05	1682.84	1308.82	1085.26	831.61	753.13	644.52	573.48
55000	4774.84	2478.11	1714.01	1333.06	1105.36	847.01	767.08	656.46	584.10
56000	4861.65	2523.17	1745.17	1357.29	1125.46	862.41	781.03	668.39	594.72
57000	4948.47	2568.22	1776.33	1381.53	1145.56	877.81	794.97	680.33	605.34
58000	5035.28	2613.28	1807.50	1405.77	1165.65	893.21	808.92	692.27	615.96
59000	5122.10	2658.34	1838.66	1430.00	1185.75	908.61	822.87	704.20	626.58
60000	5208.91	2703.39	1869.82	1454.24	1205.85	924.01	836.81	716.14	637.20
61000	5295.73	2748.45	1900.99	1478.48	1225.95	939.41	850.76	728.07	647.82
62000	5382.54	2793.51	1932.15	1502.72	1246.04	954.81	864.71	740.01	658.44
63000	5469.36	2838.56	1963.32	1526.95	1266.14	970.21	878.65	751.94	669.06
64000	5556.17	2883.62	1994.48	1551.19	1286.24	985.61	892.60	763.88	679.68
65000	5642.99	2928.67	2025.64	1575.43	1306.34	1001.01	906.55	775.81	690.30
67500	5860.03	3041.32	2103.55	1636.02	1356.58	1039.51	941.42	805.65	716.85
70000	6077.06	3153.96	2181.46	1696.61	1406.82	1078.01	976.28	835.49	743.40
75000	6511.14	3379.24	2337.28	1817.80	1507.31	1155.01	1046.02	895.17	796.50
80000	6945.22	3604.52	2493.10	1938.99	1607.80	1232.01	1115.75	954.85	849.60
85000	7379.29	3829.80	2648.92	2060.17	1708.28	1309.01	1185.49	1014.52	902.70
90000	7813.37	4055.09	2804.73	2181.36	1808.77	1386.01	1255.22	1074.20	955.80
95000	8247.44	4280.37	2960.55	2302.55	1909.26	1463.01	1324.95	1133.88	1008.90
100000	8681.52	4505.65	3116.37	2423.73	2009.75	1540.01	1394.69	1193.56	1062.00
105000	9115.59	4730.93	3272.19	2544.92	2110.23	1617.01	1464.42	1253.23	1115.10
110000	9549.67	4956.21	3428.01	2666.11	2210.72	1694.01	1534.16	1312.91	1168.20
115000	9983.75	5181.50	3583.83	2787.29	2311.21	1771.01	1603.89	1372.59	1221.30
120000	10417.82	5406.78	3739.64	2908.48	2411.69	1848.01	1673.62	1432.27	1274.40
125000	10851.90	5632.06	3895.46	3029.66	2512.18	1925.01	1743.36	1491.94	1327.50
130000	11285.97	5857.34	4051.28	3150.85	2612.67	2002.01	1813.09	1551.62	1380.60
135000	11720.05	6082.63	4207.10	3272.04	2713.15	2079.01	1882.83	1611.30	1433.70
140000	12154.12	6307.91	4362.92	3393.22	2813.64	2156.01	1952.56	1670.98	1486.80
145000	12588.20	6533.19	4518.74	3514.41	2914.13	2233.01	2022.29	1730.66	1539.90
150000	13022.28	6758.47	4674.55	3635.60	3014.62	2310.01	2092.03	1790.33	1593.00

<table>
<tr><td rowspan="3">7⅝ %</td><td colspan="9">PAGO MENSUAL</td></tr>
<tr><td colspan="9">Necesario para amortizar un préstamo</td></tr>
</table>

CANTIDAD	15 años	18 años	20 años	25 años	28 años	29 años	30 años	35 años	40 años
50	.47	.43	.41	.38	.37	.36	.36	.35	.34
100	.94	.86	.82	.75	.73	.72	.71	.69	.67
200	1.87	1.71	1.63	1.50	1.45	1.43	1.42	1.37	1.34
300	2.81	2.56	2.44	2.25	2.17	2.15	2.13	2.05	2.01
400	3.74	3.41	3.26	2.99	2.89	2.86	2.84	2.74	2.67
500	4.68	4.27	4.07	3.74	3.61	3.58	3.54	3.42	3.34
600	5.61	5.12	4.88	4.49	4.33	4.29	4.25	4.10	4.01
700	6.54	5.97	5.70	5.23	5.05	5.00	4.96	4.79	4.68
800	7.48	6.82	6.51	5.98	5.78	5.72	5.67	5.47	5.34
900	8.41	7.68	7.32	6.73	6.50	6.43	6.38	6.15	6.01
1000	9.35	8.53	8.14	7.48	7.22	7.15	7.08	6.84	6.68
2000	18.69	17.05	16.27	14.95	14.43	14.29	14.16	13.67	13.35
3000	28.03	25.58	24.40	22.42	21.64	21.43	21.24	20.50	20.02
4000	37.37	34.10	32.54	29.89	28.86	28.57	28.32	27.33	26.70
5000	46.71	42.63	40.67	37.36	36.07	35.72	35.39	34.16	33.37
6000	56.05	51.15	48.80	44.83	43.28	42.86	42.47	41.00	40.04
7000	65.39	59.67	56.93	52.30	50.49	50.00	49.55	47.83	46.72
8000	74.74	68.20	65.07	59.78	57.71	57.14	56.63	54.66	53.39
9000	84.08	76.72	73.20	67.25	64.92	64.28	63.71	61.49	60.06
10000	93.42	85.25	81.33	74.72	72.13	71.43	70.78	68.32	66.74
15000	140.12	127.87	121.99	112.08	108.20	107.14	106.17	102.48	100.10
20000	186.83	170.49	162.66	149.43	144.26	142.85	141.56	136.64	133.47
25000	233.54	213.11	203.32	186.79	180.33	178.56	176.95	170.80	166.84
30000	280.24	255.73	243.98	224.15	216.39	214.27	212.34	204.96	200.20
35000	326.95	298.35	284.64	261.50	252.45	249.98	247.73	239.12	233.57
40000	373.66	340.97	325.31	298.86	288.52	285.69	283.12	273.28	266.94
45000	420.36	383.60	365.97	336.22	324.58	321.40	318.51	307.44	300.30
46000	429.70	392.12	374.10	343.69	331.79	328.55	325.59	314.27	306.98
47000	439.05	400.64	382.23	351.16	339.01	335.69	332.67	321.10	313.65
48000	448.39	409.17	390.37	358.63	346.22	342.83	339.75	327.94	320.32
49000	457.73	417.69	398.50	366.10	353.43	349.97	346.82	334.77	327.00
50000	467.07	426.22	406.63	373.58	360.65	357.11	353.90	341.60	333.67
51000	476.41	434.74	414.76	381.05	367.86	364.26	360.98	348.43	340.34
52000	485.75	443.26	422.90	388.52	375.07	371.40	368.06	355.26	347.02
53000	495.09	451.79	431.03	395.99	382.28	378.54	375.14	362.10	353.69
54000	504.44	480.31	439.16	403.46	389.50	385.68	382.21	368.93	360.36
55000	513.78	468.84	447.29	410.93	396.71	392.83	389.29	375.76	367.03
56000	523.12	477.36	455.43	418.40	403.92	399.97	396.37	382.59	373.71
57000	532.46	485.89	463.56	425.88	411.14	407.11	403.45	389.42	380.38
58000	541.80	494.41	471.69	433.35	418.35	414.25	410.53	396.26	387.05
59000	551.14	502.93	479.82	440.82	425.56	421.39	417.60	403.09	393.73
60000	560.48	511.46	487.96	448.29	432.77	428.54	424.68	409.92	400.40
61000	569.82	519.98	496.09	455.76	439.99	435.68	431.76	416.75	407.07
62000	579.17	528.51	504.22	463.23	447.20	442.82	438.84	423.58	413.75
63000	588.51	537.03	512.35	470.70	454.41	449.96	445.92	430.41	420.42
64000	597.85	545.56	520.49	478.18	461.63	457.10	452.99	437.25	427.09
65000	607.19	554.08	528.62	485.65	468.84	464.25	460.07	444.08	433.77
67500	630.54	575.39	548.95	504.33	486.87	482.10	477.77	461.16	450.45
70000	653.90	596.70	569.28	523.00	504.90	499.96	495.46	478.24	467.13
75000	700.60	639.32	609.95	560.36	540.97	535.67	530.85	512.40	500.50
80000	747.31	681.94	650.61	597.72	577.03	571.38	566.24	546.56	533.87
85000	794.02	724.56	691.27	635.07	613.10	607.09	601.63	580.72	567.23
90000	840.72	767.19	731.93	672.43	649.16	642.80	637.02	614.88	600.60
95000	887.43	809.81	772.60	709.79	685.22	678.51	672.41	649.04	633.97
100000	934.13	852.43	813.26	747.15	721.29	714.22	707.80	683.19	667.33
105000	980.84	895.05	853.92	784.50	757.35	749.93	743.19	717.35	700.70
110000	1027.55	937.67	894.58	821.86	793.42	785.65	778.58	751.51	734.06
115000	1074.25	980.29	935.25	859.22	829.48	821.36	813.97	785.67	767.43
120000	1120.96	1022.91	975.91	896.57	865.54	857.07	849.36	819.83	800.80
125000	1167.67	1065.53	1016.57	933.93	901.61	892.78	884.75	853.99	834.16
130000	1214.37	1108.15	1057.23	971.29	937.67	928.49	920.14	888.15	867.53
135000	1261.08	1150.78	1097.90	1008.65	973.74	964.20	955.53	922.31	900.90
140000	1307.79	1193.40	1138.56	1046.00	1009.80	999.91	990.92	956.47	934.26
145000	1354.49	1236.02	1179.22	1083.36	1045.86	1035.62	1026.31	990.63	967.63
150000	1401.20	1278.64	1219.89	1120.72	1081.93	1071.33	1061.70	1024.79	1001.00

PAGO MENSUAL

Necesario para amortizar un préstamo

CANTIDAD	1 año	2 años	3 años	4 años	5 años	7 años	8 años	10 años	12 años
50	4.35	2.26	1.57	1.22	1.01	.78	.71	.61	.54
100	8.69	4.52	3.13	2.43	2.02	1.55	1.41	1.21	1.07
200	17.38	9.03	6.25	4.86	4.04	3.10	2.81	2.41	2.14
300	26.07	13.54	9.37	7.29	6.05	4.64	4.21	3.61	3.21
400	34.75	18.05	12.49	9.72	8.07	6.19	5.61	4.81	4.28
500	43.44	22.56	15.62	12.15	10.08	7.74	7.01	6.01	5.35
600	52.13	27.07	18.74	14.58	12.10	9.28	8.41	7.21	6.42
700	60.82	31.58	21.86	17.01	14.11	10.83	9.81	8.41	7.49
800	69.50	36.10	24.98	19.44	16.13	12.37	11.21	9.61	8.56
900	78.19	40.61	28.10	21.87	18.15	13.92	12.61	10.81	9.62
1000	86.88	45.12	31.23	24.30	20.16	15.47	14.01	12.01	10.69
2000	173.75	90.23	62.45	48.60	40.32	30.93	28.02	24.01	21.38
3000	260.62	135.35	93.67	72.89	60.48	46.39	42.03	36.01	32.07
4000	347.50	180.46	124.89	97.19	80.63	61.85	56.04	48.01	42.76
5000	434.37	225.57	156.11	121.48	100.79	77.31	70.05	60.01	53.44
6000	521.24	270.69	187.33	145.78	120.95	92.78	84.06	72.01	64.13
7000	608.12	315.80	218.55	170.08	141.10	108.24	98.07	84.01	74.82
8000	694.99	360.91	249.77	194.37	161.26	123.70	112.08	96.01	85.51
9000	781.86	406.03	281.00	218.67	181.42	139.16	126.09	108.01	96.20
10000	868.73	451.14	312.22	242.96	201.57	154.62	140.10	120.02	106.88
15000	1303.10	676.71	468.32	364.44	302.36	231.93	210.15	180.02	160.32
20000	1737.46	902.27	624.43	485.92	403.14	309.24	280.20	240.03	213.76
25000	2171.83	1127.84	780.53	607.40	503.93	386.55	350.25	300.03	267.20
30000	2606.19	1353.41	936.64	728.88	604.71	463.86	420.30	360.04	320.64
35000	3040.56	1578.97	1092.75	850.36	705.50	541.17	490.35	420.04	374.08
40000	3474.92	1804.54	1248.85	971.83	806.28	618.48	560.40	480.05	427.52
45000	3909.28	2030.11	1404.96	1093.31	907.07	695.79	630.45	540.05	480.96
46000	3996.16	2075.22	1436.18	1117.61	927.23	711.25	644.46	552.05	491.65
47000	4083.03	2120.33	1467.40	1141.90	947.38	726.72	658.47	564.05	502.34
48000	4169.90	2165.45	1498.62	1166.20	967.54	742.18	672.48	576.06	513.03
49000	4256.78	2210.56	1529.84	1190.50	987.70	757.64	686.49	588.06	523.71
50000	4343.65	2255.67	1561.06	1214.79	1007.85	773.10	700.50	600.06	534.40
51000	4430.52	2300.79	1592.28	1239.09	1028.01	788.56	714.51	612.06	545.09
52000	4517.39	2345.90	1623.51	1263.38	1048.17	804.03	728.52	624.06	555.78
53000	4604.27	2391.01	1654.73	1287.68	1068.32	819.49	742.53	636.06	566.46
54000	4691.14	2436.13	1685.95	1311.98	1088.48	834.95	756.54	648.06	577.15
55000	4778.01	2481.24	1717.17	1336.27	1108.64	850.41	770.55	660.06	587.84
56000	4864.89	2526.35	1748.39	1360.57	1128.79	865.87	784.56	672.06	598.53
57000	4951.76	2571.47	1779.61	1384.86	1148.95	881.34	798.57	684.07	609.22
58000	5038.63	2616.58	1810.83	1409.16	1169.11	896.80	812.58	696.07	619.90
59000	5125.50	2661.69	1842.05	1433.45	1189.27	912.26	826.59	708.07	630.59
60000	5212.38	2706.81	1873.27	1457.75	1209.42	927.72	840.60	720.07	641.28
61000	5299.25	2751.92	1904.50	1482.05	1229.58	943.18	854.61	732.07	651.97
62000	5386.12	2797.03	1935.72	1506.34	1249.74	958.65	868.62	744.07	662.66
63000	5473.00	2842.15	1966.94	1530.64	1269.89	974.11	882.63	756.07	673.34
64000	5559.87	2887.26	1998.16	1554.93	1290.05	989.57	896.64	768.07	684.03
65000	5646.74	2932.37	2029.38	1579.23	1310.21	1005.03	910.65	780.07	694.72
67500	5863.92	3045.16	2107.43	1639.97	1360.60	1043.69	945.68	810.08	721.44
70000	6081.14	3157.94	2185.49	1700.71	1410.99	1082.34	980.70	840.08	748.16
75000	6515.47	3383.51	2341.59	1822.19	1511.78	1159.65	1050.75	900.08	801.60
80000	6949.84	3609.07	2497.70	1943.66	1612.56	1236.96	1120.80	960.09	855.04
85000	7384.20	3834.64	2653.80	2065.14	1713.35	1314.27	1190.85	1020.10	908.48
90000	7818.56	4060.21	2809.91	2186.62	1814.13	1391.58	1260.90	1080.10	961.92
95000	8252.93	4285.77	2966.02	2308.10	1914.92	1468.89	1330.95	1140.11	1015.36
100000	8687.29	4511.34	3122.12	2429.58	2015.70	1546.20	1401.00	1200.11	1068.80
105000	9121.66	4736.91	3278.23	2551.06	2116.49	1623.51	1471.05	1260.12	1122.24
110000	9556.02	4962.47	3434.33	2672.54	2217.27	1700.82	1541.10	1320.12	1175.68
115000	9990.39	5188.04	3590.44	2794.02	2318.06	1778.13	1611.15	1380.13	1229.12
120000	10424.75	5413.61	3746.54	2915.49	2418.84	1855.44	1681.20	1440.13	1282.56
125000	10859.12	5639.17	3902.65	3036.97	2519.62	1932.75	1751.25	1500.14	1336.00
130000	11293.48	5864.74	4058.76	3158.45	2620.41	2010.06	1821.30	1560.14	1389.43
135000	11727.84	6090.31	4214.86	3279.93	2721.19	2087.37	1891.35	1620.15	1442.87
140000	12162.21	6315.87	4370.97	3401.41	2821.98	2164.68	1961.40	1680.15	1496.31
145000	12596.57	6541.44	4527.07	3522.89	2922.76	2241.99	2031.45	1740.16	1549.75
150000	13030.94	6767.01	4683.18	3644.37	3023.55	2319.30	2101.50	1800.16	1603.19

	PAGO MENSUAL							
	Necesario para amortizar un préstamo							
CANTIDAD	15 años	18 años	20 años	25 años	28 años	29 años	30 años	35 años	40 años
50	.48	.43	.42	.38	.37	.37	.36	.35	.34
100	.95	.86	.83	.76	.73	.73	.72	.70	.68
200	1.89	1.72	1.65	1.52	1.46	1.45	1.44	1.39	1.36
300	2.83	2.58	2.47	2.27	2.19	2.17	2.15	2.08	2.03
400	3.77	3.44	3.29	3.03	2.92	2.90	2.87	2.77	2.71
500	4.71	4.30	4.11	3.78	3.65	3.62	3.59	3.47	3.39
600	5.65	5.16	4.93	4.54	4.38	4.34	4.30	4.16	4.06
700	6.59	6.02	5.75	5.29	5.11	5.06	5.02	4.85	4.74
800	7.54	6.88	6.57	6.05	5.84	5.79	5.74	5.54	5.42
900	8.48	7.74	7.39	6.80	6.57	6.51	6.45	6.23	6.09
1000	9.42	8.60	8.21	7.56	7.30	7.23	7.17	6.93	6.77
2000	18.83	17.20	16.42	15.11	14.60	14.46	14.33	13.85	13.54
3000	28.24	25.80	24.63	22.66	21.90	21.69	21.50	20.77	20.30
4000	37.66	34.40	32.84	30.22	29.19	28.92	28.66	27.69	27.07
5000	47.07	43.00	41.05	37.77	36.49	36.14	35.83	34.61	33.84
6000	56.48	51.60	49.26	45.32	43.79	43.37	42.99	41.54	40.60
7000	65.89	60.20	57.47	52.88	51.09	50.60	50.15	48.46	47.37
8000	75.31	68.80	65.68	60.43	58.38	57.83	57.32	55.38	54.13
9000	84.72	77.40	73.89	67.98	65.68	65.05	64.48	62.30	60.90
10000	94.13	86.00	82.10	75.54	72.98	72.28	71.65	69.22	67.67
15000	141.20	128.99	123.15	113.30	109.47	108.42	107.47	103.83	101.50
20000	188.26	171.99	164.19	151.07	145.95	144.56	143.29	138.44	135.33
25000	235.32	214.98	205.24	188.84	182.44	180.69	179.11	173.05	169.16
30000	282.39	257.98	246.29	226.60	218.93	216.83	214.93	207.66	202.99
35000	329.45	300.97	287.34	264.37	255.41	252.97	250.75	242.27	236.82
40000	376.52	343.97	328.38	302.14	291.90	289.11	286.57	276.88	270.88
45000	423.58	386.96	369.43	339.90	328.39	325.25	322.39	311.48	304.48
46000	432.99	395.56	377.64	347.46	335.68	332.47	329.55	318.41	311.25
47000	442.40	404.16	385.85	355.01	342.98	339.70	336.72	325.33	318.02
48000	451.82	412.76	394.06	362.56	350.28	346.93	343.88	332.25	324.78
49000	461.23	421.36	402.27	370.12	357.58	354.16	351.05	339.17	331.55
50000	470.64	429.96	410.48	377.67	364.87	361.38	358.21	346.09	336.31
51000	480.06	438.56	418.69	385.22	372.17	368.61	365.38	353.01	345.08
52000	489.47	447.16	426.90	392.78	379.47	375.84	372.54	359.94	351.85
53000	498.88	455.75	435.11	400.33	386.77	383.07	379.70	366.86	358.61
54000	508.29	464.35	443.32	407.88	394.06	390.29	386.87	373.78	365.38
55000	517.71	472.95	451.53	415.44	401.36	397.52	394.03	380.70	372.15
56000	527.12	481.55	459.74	422.99	408.66	404.75	401.20	387.62	378.91
57000	536.53	490.15	467.95	430.54	415.95	411.98	408.36	394.55	385.68
58000	545.94	498.75	476.16	438.10	423.25	419.20	415.52	401.47	392.44
59000	555.36	507.35	484.36	445.65	430.55	426.43	422.89	408.39	399.21
60000	564.77	515.95	492.57	453.20	437.85	433.66	429.85	415.31	405.98
61000	574.18	524.55	500.78	460.76	445.14	440.89	437.02	422.23	412.74
62000	583.60	533.15	508.99	468.31	452.44	448.11	444.18	429.15	419.51
63000	593.01	541.74	517.20	475.86	459.74	455.34	451.34	436.08	426.28
64000	602.42	550.34	525.41	483.42	467.04	462.57	458.51	443.00	433.04
65000	611.83	558.94	533.62	490.97	474.33	469.80	465.67	449.92	439.81
67500	635.37	580.44	554.15	509.85	492.58	487.87	483.58	467.22	456.72
70000	658.90	601.94	574.67	528.74	510.82	505.93	501.49	484.53	473.64
75000	705.96	644.93	615.72	566.50	547.31	542.07	537.31	519.14	507.47
80000	753.03	687.93	656.76	604.27	583.79	578.21	573.13	553.75	541.30
85000	800.09	730.92	697.81	642.03	620.28	614.35	608.96	588.35	575.13
90000	847.15	773.92	738.86	679.80	656.77	650.49	644.78	622.96	608.98
95000	894.22	816.91	779.91	717.57	693.25	686.62	680.60	657.57	642.79
100000	941.28	859.91	820.95	755.33	729.74	722.76	716.62	692.18	676.62
105000	988.34	902.90	862.00	793.10	766.23	758.90	752.24	726.79	710.46
110000	1035.41	945.90	903.05	830.87	802.71	795.04	788.06	761.40	744.29
115000	1082.47	988.89	944.10	868.63	839.20	831.17	823.88	796.01	778.12
120000	1129.54	1031.89	985.14	906.40	875.69	867.31	859.70	830.62	811.95
125000	1176.60	1074.88	1026.19	944.17	912.18	903.45	895.52	865.22	845.78
130000	1223.66	1117.88	1067.24	981.93	948.66	939.59	931.34	899.83	879.61
135000	1270.73	1160.88	1108.29	1019.70	985.15	975.73	967.16	934.44	913.44
140000	1317.79	1203.87	1149.33	1057.47	1021.64	1011.86	1002.98	969.05	947.27
145000	1364.85	1246.87	1190.38	1095.23	1058.12	1048.00	1038.80	1003.66	981.10
150000	1411.92	1289.86	1231.43	1133.00	1094.61	1084.14	1074.62	1038.27	1014.93

PAGO MENSUAL									
Necesario para amortizar un préstamo									
CANTIDAD	1 años	2 años	3 años	4 años	5 años	7 años	8 años	10 años	12 años
50	4.35	2.26	1.57	1.22	1.02	.78	.71	.61	.54
100	8.70	4.52	3.13	2.44	2.03	1.56	1.41	1.21	1.08
200	17.39	9.04	6.26	4.88	4.05	3.11	2.82	2.42	2.16
300	26.08	13.56	9.39	7.31	6.07	4.66	4.23	3.63	3.23
400	34.78	18.07	12.52	9.75	8.09	6.21	5.63	4.83	4.31
500	43.47	22.59	15.64	12.18	10.11	7.77	7.04	6.04	5.38
600	52.16	27.11	18.77	14.62	12.13	9.32	8.45	7.25	6.46
700	60.86	31.62	21.90	17.05	14.16	10.87	9.86	8.45	7.53
800	69.55	36.14	25.03	19.49	16.18	12.42	11.26	9.66	8.61
900	78.24	40.66	28.16	21.92	18.20	13.98	12.67	10.87	9.69
1000	86.94	45.18	31.28	24.36	20.22	15.53	14.08	12.07	10.76
2000	173.87	90.35	62.56	48.71	40.44	31.05	28.15	24.14	21.52
3000	260.80	135.52	93.84	73.07	60.65	46.58	42.22	36.21	32.27
4000	347.73	180.69	125.12	97.42	80.87	62.10	56.30	48.27	43.03
5000	434.66	225.86	156.40	121.78	101.09	77.63	70.37	60.34	53.79
6000	521.59	271.03	187.68	146.13	121.30	93.15	84.44	72.41	64.54
7000	608.52	316.20	218.96	170.49	141.52	108.67	98.52	84.47	75.30
8000	695.45	361.37	250.23	194.84	161.74	124.20	112.59	96.54	86.05
9000	782.38	406.54	281.51	219.19	181.95	139.72	126.66	108.61	96.81
10000	869.31	451.71	312.79	243.55	202.17	155.25	140.74	120.67	107.57
15000	1303.96	677.56	469.19	365.32	303.25	232.87	211.10	181.01	161.35
20000	1738.62	903.41	625.58	487.09	404.34	310.49	281.47	241.34	215.13
25000	2173.27	1129.26	781.97	608.86	505.42	388.11	351.84	301.68	268.91
30000	2607.92	1355.11	938.37	730.63	606.50	465.73	422.20	362.01	322.69
35000	3042.58	1580.97	1094.76	852.41	707.59	543.35	492.57	422.34	376.47
40000	3477.23	1806.82	1251.15	974.18	808.67	620.97	562.93	482.68	430.25
45000	3911.88	2032.67	1407.55	1095.95	909.75	698.59	633.30	543.01	484.03
46000	3998.81	2077.84	1438.83	1120.30	929.97	714.11	647.37	555.08	494.79
47000	4085.75	2123.01	1470.11	1144.66	950.19	729.63	661.45	567.15	505.54
48000	4172.68	2168.18	1501.38	1169.01	970.40	745.16	675.52	579.21	516.30
49000	4259.61	2213.35	1532.66	1193.37	990.62	760.68	689.59	591.28	527.05
50000	4346.54	2258.52	1563.94	1217.72	1010.84	776.21	703.67	603.35	537.81
51000	4433.47	2303.69	1595.22	1242.07	1031.05	791.73	717.74	615.41	548.57
52000	4520.40	2348.86	1626.50	1266.43	1051.27	807.25	731.81	627.48	559.32
53000	4607.33	2394.03	1657.78	1290.78	1071.49	822.78	745.89	639.55	570.08
54000	4694.26	2439.20	1689.06	1315.14	1091.70	838.30	759.96	651.61	580.83
55000	4781.19	2484.37	1720.34	1339.49	1111.92	853.83	774.03	663.68	591.59
56000	4868.12	2529.54	1751.61	1363.85	1132.14	869.35	788.11	675.75	602.35
57000	4955.05	2574.71	1782.89	1388.20	1152.35	884.87	802.18	687.81	613.10
58000	5041.98	2619.88	1814.17	1412.55	1172.57	900.40	816.25	699.88	623.86
59000	5128.91	2665.05	1845.45	1436.91	1192.79	915.92	830.33	711.95	634.62
60000	5215.84	2710.22	1876.73	1461.26	1213.00	931.45	844.40	724.01	645.37
61000	5302.77	2755.39	1908.01	1485.62	1233.22	946.97	858.47	736.08	656.13
62000	5389.70	2800.56	1939.29	1509.97	1253.44	962.49	872.55	748.15	666.88
63000	5476.64	2845.73	1970.57	1534.33	1273.65	978.02	886.62	760.21	677.64
64000	5563.57	2890.90	2001.84	1558.68	1293.87	993.54	900.69	772.28	688.40
65000	5650.50	2936.07	2033.12	1583.03	1314.09	1009.07	914.76	784.35	699.15
67500	5867.82	3049.00	2111.32	1643.92	1364.63	1047.88	949.95	814.51	726.04
70000	6085.15	3161.93	2189.52	1704.81	1415.17	1086.69	985.13	844.68	752.93
75000	6519.80	3387.78	2345.91	1826.58	1516.25	1164.31	1055.50	905.02	806.71
80000	6954.46	3613.83	2502.30	1948.35	1617.33	1241.93	1125.86	965.35	860.49
85000	7389.11	3839.48	2658.70	2070.12	1718.42	1319.55	1196.23	1025.68	914.27
90000	7823.76	4065.33	2815.09	2191.89	1819.50	1397.17	1266.60	1086.02	968.05
95000	8258.42	4291.18	2971.48	2313.66	1920.58	1474.79	1336.96	1146.35	1021.83
100000	8693.07	4517.04	3127.88	2435.43	2021.67	1552.41	1407.33	1206.69	1075.62
105000	9127.72	4742.89	3284.27	2557.21	2122.75	1630.03	1477.69	1267.02	1129.40
110000	9562.38	4968.74	3440.67	2678.98	2223.83	1707.65	1548.06	1327.35	1183.18
115000	9997.03	5194.59	3597.06	2800.75	2324.92	1785.27	1618.43	1387.69	1236.96
120000	10431.68	5420.44	3753.45	2922.52	2426.00	1862.89	1688.79	1448.02	1290.74
125000	10866.34	5646.29	3909.85	3044.29	2527.08	1940.51	1759.16	1508.36	1344.52
130000	11300.99	5872.14	4066.24	3166.06	2628.17	2018.13	1829.52	1568.69	1398.30
135000	11735.64	6098.00	4222.63	3287.83	2729.25	2095.75	1899.89	1629.02	1452.08
140000	12170.30	6323.85	4379.03	3409.61	2830.33	2173.37	1970.26	1689.36	1505.86
145000	12604.95	6549.70	4535.42	3531.38	2931.42	2250.99	2040.62	1749.69	1559.64
150000	13039.60	6775.55	4691.81	3653.15	3032.50	2328.81	2110.99	1810.03	1613.42

PAGO MENSUAL

Necesario para amortizar un préstamo

CANTIDAD	15 años	18 años	20 años	25 años	28 años	29 años	30 años	35 años	40 años
50	.48	.44	.42	.39	.37	.37	.37	.36	.35
100	.95	.87	.83	.77	.74	.74	.73	.71	.69
200	1.90	1.74	1.66	1.53	1.48	1.47	1.46	1.41	1.38
300	2.85	2.61	2.49	2.30	2.22	2.20	2.18	2.11	2.06
400	3.80	3.47	3.32	3.06	2.96	2.93	2.91	2.81	2.75
500	4.75	4.34	4.15	3.82	3.70	3.66	3.63	3.51	3.43
600	5.70	5.21	4.98	4.59	4.43	4.39	4.36	4.21	4.12
700	6.64	6.08	5.81	5.35	5.17	5.12	5.08	4.91	4.81
800	7.59	6.94	6.63	6.11	5.91	5.86	5.81	5.61	5.49
900	8.54	7.81	7.46	6.88	6.65	6.59	6.53	6.32	6.18
1000	9.49	8.68	8.29	7.64	7.39	7.32	7.26	7.02	6.86
2000	18.97	17.35	16.58	15.28	14.77	14.63	14.51	14.03	13.72
3000	28.46	26.03	24.87	22.91	22.15	21.94	21.76	21.04	20.58
4000	37.94	34.70	33.15	30.55	29.53	29.26	29.04	28.05	27.44
5000	47.43	43.38	41.44	38.18	36.92	36.57	36.26	35.06	34.30
6000	56.91	52.05	49.73	45.82	44.30	43.88	43.51	42.08	41.16
7000	66.40	60.72	58.01	53.45	51.68	51.20	50.76	49.09	48.02
8000	75.88	69.40	66.30	61.09	59.06	58.51	58.01	56.10	54.88
9000	85.37	78.07	74.59	68.72	66.45	65.82	65.26	63.11	61.74
10000	94.85	86.75	82.87	76.36	73.83	73.14	72.51	70.12	68.60
15000	142.27	130.12	124.31	114.54	110.74	109.70	108.77	105.18	102.90
20000	189.69	173.49	165.74	152.72	147.65	146.27	145.02	140.24	137.19
25000	237.12	216.86	207.17	190.89	184.56	182.84	181.27	175.30	171.49
30000	284.54	260.23	248.61	229.07	221.47	219.40	217.53	210.36	205.79
35000	331.96	303.60	290.04	267.25	258.38	255.97	253.78	245.42	240.09
40000	379.38	346.97	331.48	305.43	295.30	292.54	290.03	280.48	274.38
45000	426.81	390.34	372.91	343.60	332.21	329.10	326.29	315.54	308.68
46000	436.29	399.02	381.20	351.24	339.59	336.42	333.54	322.56	315.54
47000	445.78	407.69	389.48	358.88	346.97	343.73	340.79	329.57	322.40
48000	455.26	416.37	397.77	366.51	354.35	351.04	348.04	336.58	329.26
49000	464.75	425.04	406.06	374.15	361.74	358.36	355.29	343.59	336.12
50000	474.23	433.71	414.34	381.78	369.12	365.67	362.54	350.60	342.98
51000	483.71	442.39	422.63	389.42	376.50	372.98	369.79	357.62	349.84
52000	493.20	451.06	430.92	397.05	383.88	380.30	377.04	364.63	356.70
53000	502.68	459.74	439.20	404.69	391.27	387.61	384.29	371.64	363.56
54000	512.17	468.41	447.49	412.32	398.65	394.92	391.54	378.65	370.42
55000	521.65	477.08	455.78	419.96	406.03	402.24	398.79	385.66	377.28
56000	531.14	485.76	464.06	427.60	413.41	409.55	406.04	392.68	384.14
57000	540.62	494.43	472.35	435.23	420.80	416.86	413.29	399.69	391.00
58000	550.11	503.11	480.64	442.87	428.18	424.18	420.55	406.70	397.86
59000	559.59	511.78	488.92	450.50	435.56	431.49	427.80	413.71	404.71
60000	569.07	520.46	497.21	458.14	442.94	438.80	435.05	420.72	411.57
61000	578.56	529.13	505.50	465.77	450.32	446.12	442.30	427.74	418.43
62000	588.04	537.80	513.79	473.41	457.71	453.43	449.55	434.75	425.29
63000	597.53	546.48	522.07	481.04	465.09	460.74	456.80	441.76	432.15
64000	607.01	555.15	530.36	488.68	472.47	468.06	464.05	448.77	439.01
65000	616.50	563.83	538.65	496.32	479.85	475.37	471.30	455.78	445.87
67500	640.21	585.51	559.36	515.40	498.31	493.65	489.43	473.31	463.02
70000	663.92	607.20	580.08	534.49	516.76	511.94	507.55	490.84	480.17
75000	711.34	650.57	621.51	572.87	553.68	548.50	543.81	525.90	514.47
80000	758.76	693.94	662.95	610.85	590.59	585.07	580.06	560.96	548.76
85000	806.19	737.31	704.38	649.03	627.50	621.64	616.31	596.02	583.06
90000	853.61	780.68	745.81	687.20	664.41	658.20	652.57	631.08	617.36
95000	901.03	824.05	787.25	725.38	701.32	694.77	688.82	666.14	651.66
100000	948.45	867.42	828.68	763.56	738.23	731.34	725.07	701.20	685.95
105000	995.88	910.79	870.12	801.74	775.14	767.90	761.33	736.26	720.25
110000	1043.30	954.16	911.55	839.91	812.06	804.47	797.58	771.32	754.55
115000	1090.72	997.54	952.98	878.09	848.97	841.04	833.83	806.38	788.85
120000	1138.14	1040.91	994.42	916.27	885.88	877.60	870.09	841.44	823.14
125000	1185.57	1084.28	1035.85	954.45	922.79	914.17	906.34	876.50	857.44
130000	1232.99	1127.65	1077.29	992.63	959.70	950.74	942.60	911.56	891.74
135000	1280.41	1171.02	1118.72	1030.80	996.61	987.30	978.85	946.62	926.04
140000	1327.83	1214.39	1160.15	1068.98	1033.52	1023.87	1015.10	981.68	960.33
145000	1375.26	1257.76	1201.59	1107.16	1070.44	1060.44	1051.36	1016.74	994.63
150000	1422.68	1301.13	1243.02	1145.34	1107.35	1097.00	1087.61	1051.80	1028.93

PAGO MENSUAL

Necesario para amortizar un préstamo

CANTIDAD	1 años	2 años	3 años	4 años	5 años	7 años	8 años	10 años	12 años
50	4.35	2.27	1.57	1.23	1.02	.78	.71	.61	.55
100	8.70	4.53	3.14	2.45	2.03	1.56	1.42	1.22	1.09
200	17.40	9.05	6.27	4.89	4.06	3.12	2.83	2.43	2.17
300	26.10	13.57	9.41	7.33	6.09	4.68	4.25	3.64	3.25
400	34.80	18.10	12.54	9.77	8.12	6.24	5.66	4.86	4.33
500	43.50	22.62	15.67	12.21	10.14	7.80	7.07	6.07	5.42
600	52.20	27.14	18.81	14.65	12.17	9.36	8.49	7.28	6.50
700	60.90	31.66	21.94	17.09	14.20	10.92	9.90	8.50	7.58
800	69.60	36.19	25.07	19.54	16.23	12.47	11.31	9.71	8.66
900	78.29	40.71	28.21	21.98	18.25	14.03	12.73	10.92	9.75
1000	86.99	45.23	31.34	24.42	20.28	15.59	14.14	12.14	10.83
2000	173.98	90.46	62.68	48.83	40.56	31.18	28.28	24.27	21.65
3000	260.97	135.69	94.01	73.24	60.83	46.76	42.42	36.40	32.48
4000	347.96	180.91	125.35	97.66	81.11	62.35	56.55	48.54	43.30
5000	434.95	226.14	156.69	122.07	101.39	77.94	70.69	60.67	54.13
6000	521.94	271.37	188.02	146.48	121.66	93.52	84.83	72.80	64.95
7000	608.92	316.60	219.36	170.90	141.94	109.11	98.96	84.93	75.78
8000	695.91	361.82	250.70	195.31	162.22	124.69	113.10	97.07	86.60
9000	782.90	407.05	282.03	219.72	182.49	140.28	127.24	109.20	97.43
10000	869.89	452.28	313.37	244.13	202.77	155.87	141.37	121.33	108.25
15000	1304.83	678.41	470.05	366.20	304.15	233.80	212.06	182.00	162.37
20000	1739.77	904.55	626.73	488.26	405.53	311.73	282.74	242.66	216.50
25000	2174.72	1130.69	783.41	610.33	506.91	389.66	353.42	303.32	270.62
30000	2609.66	1356.82	940.10	732.39	608.30	467.59	424.11	363.99	324.74
35000	3044.60	1582.96	1096.78	854.46	709.68	545.52	494.79	424.65	378.86
40000	3479.54	1809.10	1253.46	976.52	811.06	623.45	565.47	485.32	432.99
45000	3914.48	2035.23	1410.14	1098.59	912.44	701.38	636.16	545.98	487.11
46000	4001.47	2080.46	1441.48	1123.00	932.72	716.97	650.29	558.11	497.93
47000	4088.46	2125.69	1472.81	1147.41	953.00	732.56	664.43	570.24	508.76
48000	4175.45	2170.91	1504.15	1171.83	973.27	748.14	678.57	582.38	519.58
49000	4282.44	2216.14	1535.49	1196.24	993.55	763.73	692.70	594.51	530.41
50000	4349.43	2261.37	1566.82	1220.65	1013.82	779.32	706.84	606.64	541.23
51000	4436.41	2306.60	1598.16	1245.06	1034.10	794.90	720.98	618.78	552.06
52000	4523.40	2351.82	1629.50	1269.48	1054.38	810.49	735.11	630.91	562.88
53000	4610.39	2397.05	1660.83	1293.89	1074.65	826.07	749.25	643.04	573.70
54000	4697.38	2442.28	1692.17	1318.30	1094.93	841.66	763.39	655.17	584.53
55000	4784.37	2487.51	1723.51	1342.72	1115.21	857.25	777.52	667.31	595.35
56000	4871.36	2532.73	1754.84	1367.13	1135.48	872.83	791.66	679.44	606.18
57000	4958.35	2577.96	1786.18	1391.54	1155.76	888.42	805.80	691.57	617.00
58000	5045.33	2623.19	1817.51	1415.95	1176.04	904.01	819.93	703.71	627.83
59000	5132.32	2668.42	1848.85	1440.37	1196.31	919.59	834.07	715.84	638.65
60000	5219.31	2713.64	1880.19	1464.78	1216.59	935.18	848.21	727.97	649.48
61000	5306.30	2758.87	1911.52	1489.19	1236.87	950.76	862.34	740.10	660.30
62000	5393.29	2804.10	1942.86	1513.61	1257.14	966.35	876.48	752.24	671.13
63000	5480.28	2849.32	1974.20	1538.02	1277.42	981.94	890.62	764.37	681.95
64000	5567.26	2894.55	2005.53	1562.43	1297.69	997.52	904.75	776.50	692.77
65000	5654.25	2939.78	2036.87	1586.84	1317.97	1013.11	918.89	788.63	703.60
67500	5871.72	3052.85	2115.21	1647.88	1368.66	1052.07	954.23	818.97	730.66
70000	6089.20	3165.92	2193.55	1708.91	1419.35	1091.04	989.57	849.30	757.72
75000	6524.14	3392.05	2350.23	1830.97	1520.73	1168.97	1060.26	909.96	811.84
80000	6959.08	3618.19	2506.91	1953.04	1622.12	1246.90	1130.94	970.63	865.97
85000	7394.02	3844.32	2663.60	2075.10	1723.50	1324.83	1201.62	1031.29	920.09
90000	7828.96	4070.46	2820.28	2197.17	1824.88	1402.76	1272.31	1091.95	974.21
95000	8263.91	4296.60	2976.96	2319.23	1926.26	1480.70	1342.99	1152.62	1028.33
100000	8698.85	4522.73	3133.64	2441.30	2027.64	1558.63	1413.67	1213.28	1082.46
105000	9133.79	4748.87	3290.32	2563.36	2129.03	1636.56	1484.36	1273.94	1136.58
110000	9568.73	4975.01	3447.01	2685.43	2230.41	1714.49	1555.04	1334.61	1190.70
115000	10003.67	5201.14	3603.69	2807.49	2331.79	1792.42	1625.72	1395.27	1244.83
120000	10438.62	5427.28	3760.37	2929.56	2433.17	1870.35	1696.41	1455.94	1298.95
125000	10873.56	5653.42	3917.05	3051.62	2534.55	1948.28	1767.09	1516.60	1353.07
130000	11308.50	5879.55	4073.73	3173.68	2635.94	2026.21	1837.77	1577.26	1407.19
135000	11743.44	6105.69	4230.41	3295.75	2737.32	2104.14	1908.46	1637.93	1461.32
140000	12178.39	6331.83	4387.10	3417.81	2838.70	2182.08	1979.14	1698.59	1515.44
145000	12613.33	6557.96	4543.78	3539.88	2940.08	2260.01	2049.82	1759.26	1569.56
150000	13048.27	6784.10	4700.46	3661.94	3041.46	2337.94	2120.51	1819.92	1623.68

PAGO MENSUAL

Necesario para amortizar un préstamo

CANTIDAD	15 años	18 años	20 años	25 años	28 años	29 años	30 años	35 años	40 años
50	.48	.44	.42	.39	.37	.37	.37	.36	.35
100	.95	.87	.83	.77	.74	.74	.73	.71	.69
200	1.90	1.74	1.66	1.53	1.48	1.47	1.46	1.41	1.38
300	2.85	2.61	2.49	2.30	2.22	2.20	2.18	2.11	2.06
400	3.80	3.47	3.32	3.06	2.96	2.93	2.91	2.81	2.75
500	4.75	4.34	4.15	3.82	3.70	3.66	3.63	3.51	3.43
600	5.70	5.21	4.98	4.59	4.43	4.39	4.36	4.21	4.12
700	6.64	6.08	5.81	5.35	5.17	5.12	5.08	4.91	4.81
800	7.59	6.94	6.63	6.11	5.91	5.86	5.81	5.61	5.49
900	8.54	7.81	7.46	6.88	6.65	6.59	6.53	6.32	6.18
1000	9.49	8.68	8.29	7.64	7.39	7.32	7.26	7.02	6.86
2000	18.97	17.35	16.58	15.28	14.77	14.63	14.51	14.03	13.72
3000	28.46	26.03	24.87	22.91	22.15	21.94	21.76	21.04	20.58
4000	37.94	34.70	33.15	30.55	29.53	29.26	29.04	28.05	27.44
5000	47.43	43.38	41.44	38.18	36.92	36.57	36.26	35.06	34.30
6000	56.91	52.05	49.73	45.82	44.30	43.88	43.51	42.08	41.16
7000	66.40	60.72	58.01	53.45	51.68	51.20	50.76	49.09	48.02
8000	75.88	69.40	66.30	61.09	59.06	58.51	58.01	56.10	54.88
9000	85.37	78.07	74.59	68.72	66.45	65.82	65.26	63.11	61.74
10000	94.85	86.75	82.87	76.36	73.83	73.14	72.51	70.12	68.60
15000	142.27	130.12	124.31	114.54	110.74	109.70	108.77	105.18	102.90
20000	189.69	173.49	165.74	152.72	147.65	146.27	145.02	140.24	137.19
25000	237.12	216.86	207.17	190.89	184.56	182.84	181.27	175.30	171.49
30000	284.54	260.23	248.61	229.07	221.47	219.40	217.53	210.36	205.79
35000	331.96	303.60	290.04	267.25	258.38	255.97	253.78	245.42	240.09
40000	379.38	346.97	331.48	305.43	295.30	292.54	290.03	280.48	274.38
45000	426.81	390.34	372.91	343.60	332.21	329.10	326.29	315.54	308.68
46000	436.29	399.02	381.20	351.24	339.59	336.42	333.54	322.56	315.54
47000	445.78	407.69	389.48	358.88	346.97	343.73	340.79	329.57	322.40
48000	455.26	416.37	397.77	366.51	354.35	351.04	348.04	336.58	329.26
49000	464.75	425.04	406.06	374.15	361.74	358.36	355.29	343.59	336.12
50000	474.23	433.71	414.34	381.78	369.12	365.67	362.54	350.60	342.98
51000	483.71	442.39	422.63	389.42	376.50	372.98	369.79	357.62	349.84
52000	493.20	451.06	430.92	397.05	383.88	380.30	377.04	364.63	356.70
53000	502.68	459.74	439.20	404.69	391.27	387.61	384.29	371.64	363.56
54000	512.17	468.41	447.49	412.32	398.65	394.92	391.54	378.65	370.42
55000	521.65	477.08	455.78	419.96	406.03	402.24	398.79	385.66	377.28
56000	531.14	485.76	464.06	427.60	413.41	409.55	406.04	392.68	384.14
57000	540.62	494.43	472.35	435.23	420.80	416.86	413.29	399.69	391.00
58000	550.11	503.11	480.64	442.87	428.18	424.18	420.55	406.70	397.86
59000	559.59	511.78	488.92	450.50	435.56	431.49	427.80	413.71	404.71
60000	569.07	520.46	497.21	458.14	442.94	438.80	435.05	420.72	411.57
61000	578.56	529.13	505.50	465.77	450.32	446.12	442.30	427.74	418.43
62000	588.04	537.80	513.79	473.41	457.71	453.43	449.55	434.75	425.29
63000	597.53	546.48	522.07	481.04	465.09	460.74	456.80	441.76	432.15
64000	607.01	555.15	530.36	488.68	472.47	468.06	464.05	448.77	439.01
65000	616.50	563.83	538.65	496.32	479.85	475.37	471.30	455.78	445.87
67500	640.21	585.51	559.36	515.40	498.31	493.65	489.43	473.31	463.02
70000	663.92	607.20	580.08	534.49	516.76	511.94	507.55	490.84	480.17
75000	711.34	650.57	621.51	572.67	553.68	548.50	543.81	525.90	514.47
80000	758.76	693.94	662.95	610.85	590.59	585.07	580.06	560.96	548.76
85000	806.19	737.31	704.38	649.03	627.50	621.64	616.31	596.02	583.06
90000	853.61	780.68	745.81	687.20	664.41	658.20	652.57	631.08	617.36
95000	901.03	824.05	787.25	725.38	701.32	694.77	688.82	666.14	651.66
100000	948.45	867.42	828.68	763.56	738.23	731.34	725.07	701.20	685.95
105000	995.88	910.79	870.12	801.74	775.14	767.90	761.33	736.26	720.25
110000	1043.30	954.16	911.55	839.91	812.06	804.47	797.58	771.32	754.55
115000	1090.72	997.54	952.98	878.09	848.97	841.04	833.83	806.38	788.85
120000	1138.14	1040.91	994.42	916.27	885.88	877.60	870.09	841.44	823.14
125000	1185.57	1084.28	1035.85	954.45	922.79	914.17	906.34	876.50	857.44
130000	1232.99	1127.65	1077.29	992.63	959.70	950.74	942.60	911.56	891.74
135000	1280.41	1171.02	1118.72	1030.80	996.61	987.30	978.85	946.62	926.04
140000	1327.83	1214.39	1160.15	1068.98	1033.52	1023.87	1015.10	981.68	960.33
145000	1375.26	1257.76	1201.59	1107.16	1070.44	1060.44	1051.36	1016.74	994.63
150000	1422.68	1301.13	1243.02	1145.34	1107.35	1097.00	1087.61	1051.80	1028.93

Comprar una casa en ejecución hipotecaria

Hay mucha gente que quiere comprar una casa en ejecución hipotecaria. No hay nada malo en comprar ejecuciones hipotecarias. Aunque pudieras conseguir una, hay distintas formas de abordar una ejecución hipotecaria. Podrías ir a la subasta de ejecución hipotecaria cuando se celebran la mayoría de las veces en el juzgado de tu país o dondequiera que las celebren en tu área. Si no estás seguro, puedes preguntar a tu agente inmobiliario, existe la posibilidad de que te ayude.

Lo malo de esta subasta de ejecución hipotecaria es que prácticamente tienes que tener todo el dinero en efectivo. Sorprendente, ¿verdad? Ahora bien, una vez que planees ir a la subasta, debes tener una idea del precio de la vivienda que pretendes comprar o por la que quieres pujar. Cuando acudas a la subasta, deberás depositar el 10% de la cantidad del precio de venta. Lo malo es que, si quieres poner un 3% o 5% de entrada, debes saberlo, la subasta no es para ti, lo peor de todo es que tendrás que reunir el resto del dinero en treinta días, así que tendrás que asegurarte de que ese dinero estará disponible para ti en 30 días.

Veamos qué ocurre realmente cuando vas a una subasta a pujar por una casa de $100,000 dólares. Para acudir a la venta necesitarás $10,000 en efectivo, cheque bancario, giros postales o cheques certificados. Esta cantidad representa el 10% del precio de venta. La cantidad de dinero que te quedaría por pagar en esta oferta sería de $90,000. Estos $90,000 vencerían y serían pagaderos treinta días después de que hubieras hecho el depósito del 10%, ahora bien, antes de hacer el depósito del 10%, tiene que quedar muy claro dónde, cuándo y cómo estarán en tu mano los otros $90,000. Puede que no te lo creas, pero si no consigues los $90,000 en el plazo especificado, tienes la posibilidad de perder tu adelanto de $10,000.

No es prudente hacer un depósito sin determinar primero de dónde procederán los fondos. Este planteamiento es demasiado arriesgado. Se recomienda tener una idea clara del origen de los fondos o disponer fácilmente del dinero antes de hacer un adelanto. Estas son medidas de precaución que estás tomando; hay algunas posibilidades que no tomas. Si te parece arriesgado, no lo hagas.

Otra forma de investigar las ejecuciones hipotecarias es, si consigues la lista de ejecuciones hipotecarias, ir a la casa del propietario y ser educado al respecto, hacer saber a la familia que lo sientes mucho, pero que te has enterado de que su casa podría ser ejecutada, y que te gustaría ayudarles comprando su casa antes de que sea ejecutada. Diles que si compras su casa antes de la subasta, salvarías su crédito y conseguirías algo de dinero para empezar de nuevo. Si se produce la ejecución hipotecaria, probablemente no obtendrán nada, y su crédito se vería manchado. Una vez que el propietario acepte que compres su casa, puedes negociar con él. En este caso, tienes más tiempo a mano para hacer una cuota inicial del 3% o el 5% y acudir a una entidad de crédito para conseguir una hipoteca para la compra. Negociando con el vendedor, puedes conseguir más tiempo que yendo a una subasta. Mis mejores deseos en tu búsqueda de ejecución hipotecaria.

Cómo comprar con poco o ningún dinero

Adquirir un inmueble con fondos mínimos es un tema de gran interés para muchas personas, no sólo por oír hablar de él, sino también por ponerlo en práctica. Tu ambición es ser propietario de un  inmueble, pero el obstáculo son los limitados recursos financieros de que dispones y la falta de comprensión del pago inicial necesario. Creo que ya he hecho hincapié en lo que es la cuota inicial. Es el dinero que le das a tu abogado cuando vas a firmar el contrato.

La cuota inicial también se conoce como el dinero que pones en el momento del contrato para demostrar al vendedor que tienes intención de comprar su casa. Demuestras buena fe depositando esa fianza. Ahora bien, ¿qué ocurre si no tienes ese cheque de depósito para dar una señal, cómo puedes demostrar de buena fe que quieres comprar la vivienda? Ahora tienes que aprender a incorporar algo de creatividad y poner la creatividad a trabajar. Aquí es donde entra en juego la habilidad de un agente inmobiliario.

Antes de emprender ninguna acción, comunícate con el vendedor, hazle partícipe de tus intenciones y comprende su situación actual. Si el vendedor está ansioso por vender, puede que sólo quiera deshacerse rápidamente de la propiedad. Averigua cuánto tiempo lleva la propiedad en el mercado, si es mucho tiempo estarán dispuestos a hablar con todas las personas interesadas. Otra cosa es averiguar cuántas personas son propietarias de la propiedad, si es una sola persona puede ser más fácil negociar con una que con dos o más. Cuantas más personas posean la propiedad, más difícil será negociar. Cuando tengas toda esta información, estarás en muy buena posición para iniciar la negociación.

Es mejor no poner dinero de entrada en una vivienda plurifamiliar. ¿Por qué una vivienda plurifamiliar? En primer lugar, no tienes mucho dinero para hacer un depósito, por lo que mi sensación me dice que no tendrías dinero para hacer pagos puntuales en una unifamiliar, pero si vas a por una de dos o tres, estarías comprando una mina de oro, y no un caimán (donde uno se sienta a comer y no saca nada) aunque dependerá del precio que estés pagando por la propiedad. Una vez que entres en posesión de esa propiedad, al mes siguiente habrá que cobrar un alquiler, así que en lugar de poner dinero de tu bolsillo ese primer mes, estarías cobrando un alquiler. Un movimiento poderoso, ¿verdad?

Ahora lo que tienes que hacer es averiguar el valor de la propiedad. Digamos que el valor de la propiedad es de $150,000 Negocia con el vendedor, tal vez la propiedad sea lo que tú llamas un "no querer". Esto significa que el propietario está ahí, pero realmente no le importa la propiedad y sólo está esperando a que menciones la palabra venta. Están esperando a formalizar cualquier tipo de acuerdo mientras consiguen algo de dinero con el que marcharse. Es posible que te retengan el anticipo, de nuevo pide lo que quieras, es posible que te lo den. Otra buena forma de comprobarlo es averiguar el tipo de hipoteca que tiene la propiedad. Es necesario que lo sepas, pues si tienen lo que se llama una hipoteca asumible, te diré, si lo es, deberías ir directamente y aprovechar la oportunidad, eso sería dinero en tu bolsillo. Este tipo de hipoteca asumible es la mejor, si las tasas son buenas. Si las tasas están por encima de las tasas vigentes, quizá debas pensártelo mejor antes de aceptar el préstamo asumible. Hay variables, por lo que te conviene fijarte bien en las cifras. Podría resultarte muy barato, hay algunos puntos que se pasarán por alto. Tienes opciones, así que por qué no utilizar las que están disponibles. No hay nada malo en preguntar, por lo tanto, avergüénzate si no preguntas.

¿Deberías comprar una casa atractiva para remodeladores?

¿Qué es una casa atractiva para remodeladores, o "handyman special" en inglés? Muchas veces he recibido llamadas preguntando por una casa atractiva para remodeladores. Como ves, el negocio inmobiliario es tan complicado que necesitamos intérpretes para muchas cosas. Una casa que necesita reparaciones es simplemente una casa que necesita reparaciones, lo que significa que esta propiedad no se venderá por su precio normal debido a su estado actual. A veces las casas necesitan reparaciones importantes, mientras que otras sólo necesitan trabajos menores; de nuevo, lo que es importante para ti puede ser poco importante para otros. Si no entiendes la diferencia entre un trabajo mayor y menor, pregunta a un experto en esa área de trabajo. Nadie te diría que no compraras una casa atractiva para remodeladores, porque podría ser tu pan de cada día y no lo sabes. Podrías comprar una casa atractiva para remodeladores, invertir poco dinero en arreglarlo y revenderlo en poco tiempo y obtener unas buenas ganancias. No hay nada malo en ello, ya que es totalmente legal. Hay mucha gente que hace eso y se gana la vida cómodamente haciéndolo. Tú puedes hacer lo mismo. Espero que dejes de pensártelo y lo hagas después de haber leído mi libro. Las ventajas están ahí, explóralas y tendrás éxito. Siempre es bueno verlo desde el peor de los escenarios. Evidentemente, nos gustaría que la propiedad nos hiciera ganar mucho dinero, pero existen posibilidades de que las cosas no salgan como nos gustaría. Lo peor que te puede pasar es que te quedes con la propiedad en su estado original, pero adivina qué, sigue valiendo lo que pagaste por ella, aunque nunca he visto que esto ocurra. Siempre habrá alguien que te haga esa compra. Hay cosas que pueden hacer descarrilar la venta durante un tiempo, pero si intentas encontrar lo que la detiene y lo corriges, la venta saldrá adelante. Si hay una barrera de precio, es tan sencillo como reducir el precio. Hay una cosa que no se puede hacer y es trasladar la propiedad. Otros factores pueden corregirse o controlarse.

¿Cómo encuentro ejecuciones hipotecarias?

Encontrar ejecuciones hipotecarias no es difícil, lo difícil es conseguirlas. A veces vemos ejecuciones hipotecarias en venta en los periódicos. Si compras y buscas en la sección de clasificados del periódico, allí encontrarás todo tipo de propiedades en venta, incluidas las ejecuciones hipotecarias. A partir de ahí, podrás seguir adelante con los pasos necesarios para adquirir lo que te interese. Han sido los años de tus sueños y las posibilidades están ahí, eres libre de explorarlas.

Otra forma de encontrar ejecuciones hipotecarias es acudir a tu ayuntamiento. Cuando vayas allí la primera vez puede que no sepas cómo encontrar una lista de ejecuciones hipotecarias, pero puedes pedirle amablemente a alguien que trabaje allí que te ayude. Cuando te ayuden, pregunta para que la próxima vez puedas ayudarte a ti mismo. La próxima vez, el tercer lugar donde buscar estos acuerdos es en el juzgado de tu condado. De nuevo, necesitarás ayuda la primera vez, pero una vez que aprendas estarás en el buen camino. Estas son algunas de las mejores formas de untarte el pan y no mirar por encima del hombro.

Hay otra que no te he contado, que es ir en automóvil a distintos vecindarios. Puedes reconocerlos cuando los veas. Si ves en una casa que el tejado tiene mal aspecto, alrededor de la casa hay matorrales y ves periódicos viejos en los escalones o atascados en el buzón. ¿Qué te dice eso? Lee entre líneas. Sencillamente, allí no vive nadie. ¿Qué debo hacer? Debes ponerte manos a la obra para intentar encontrar al propietario, preguntar a la persona que vive al lado o, mejor, anotar la dirección de la propiedad, llevársela a tu agente inmobiliario y pedirle que la compruebe por ti. Estarán encantados de hacerlo. Estos son sólo algunos de los pasos que puedes dar para encontrar una oferta buena. Creo que deberías explorarlas. No es tan fácil como podrías pensar, pero sin duda valdrá la pena cada momento cuando encuentres la oferta buena adecuada. Mucha gente ha pasado por alto las oportunidades que están al lado, o incluso en su patio trasero, tú deberías, actuar cuando surjan las oportunidades. Capitalizar el mercado inmobiliario, no es cuestión de suerte, sino de quien esté dispuesto a asumir los retos.

He visto a mucha gente sentarse y ver cómo otros asumían retos y se convertían en ganadores, y luego atribuyen su éxito a la suerte. Creo que es mejor hacer algo que no hacer nada. No hacer nada es muy fácil, pero no te lleva a ninguna parte. ¿Por qué no aceptas los retos y te conviertes en un ganador?

Hay muchas personas que se sientan y hablan de lo arruinadas que están, pero cuando llega el momento de hacer algo sobre lo arruinadas que están, se niegan a pasar a la acción. Oh, tienen tanto miedo de hacer algo, porque podrían empezar a hacer cosas y ganar dinero, lo peor de todo es que ya no estarían arruinados, y eso les asusta. Se contentan con estar arruinados, pero se quejan. Amigos, es mejor hacer algo y no conseguir nada, porque la próxima vez aprenderás a hacerlo de otra manera para obtener un resultado positivo. En el proceso estás aprendiendo. Si no haces nada, tu recompensa será el doble de ceros, o incluso el triple. Algunas personas son tan perezosas que consideran un crimen si se esfuerzan por las cosas que les ayudarán a progresar. En uno de sus escritos, Pablo dijo: "Aprenderé a contentarme en cualquier estado en que me encuentre". Pero más tarde dijo: "Presionaré hacia la marca de la vocación superior". Esto nos dice que nunca debemos estar satisfechos en nuestro estado de quiebra.

Estableciendo una relación de trabajo

Es bueno que compradores y agentes inmobiliarios establezcan una relación de trabajo el primer día que se conozcan. Comprar una casa es un proceso y no un acontecimiento. Desarrollar una buena relación comercial es bueno y te asegurará el mejor de los servicios y el menor número de problemas. Cuando los vendedores ponen sus casas en manos de agentes inmobiliarios, están depositando su confianza en las manos de dicho agente. La empresa inmobiliaria con todos sus agentes y corredores forman un equipo que trabaja conjuntamente para vender esa propiedad.

Cuando un agente inmobiliario vende un inmueble, la remuneración del agente se garantiza mediante un contrato de venta. También se paga una comisión al agente inmobiliario que realmente vende la propiedad. Otro agente inmobiliario puede traer a un comprador, a través de un letrero en el patio, leerlo en el periódico o simplemente que se lo diga un amigo. La siguiente forma sería, si la propiedad estuviera incluida en el Servicio de Acuerdo Múltiple de Venta, que el otro agente inmobiliario pudiera obtenerlo de dicho servicio. Es muy importante saber que hay varias formas de que los agentes de ventas encuentren compradores. Por tanto, es imprescindible que cuentes con el agente inmobiliario adecuado.

Los agentes inmobiliarios asumen ciertos riesgos cuando trabajan con compradores sin un contrato de venta para protegerse. Los agentes inmobiliarios sólo cuentan con la confianza y la relación cuando enseñan una casa a

los compradores. A cambio de la lealtad de los comprado‐
res, los agentes inmobiliarios proporcionan asistencia pro‐
fesional a los compradores y facilitan una transacción
fluida. Un agente inmobiliario confía en la fidelidad del
comprador antes de invertir tiempo y energía en buscar una
vivienda que se ajuste a sus necesidades. Aunque hay casas
abiertas, en venta por los propietarios, e incluso las llama‐
das en frío pueden utilizarse eficazmente para encontrar la
casa adecuada. El método más utilizado por los agentes in‐
mobiliarios es el Sistema de Listado Múltiple (MLS por
sus siglas en inglés). Los agentes inmobiliarios comparten
la información de sus propiedades a través del MLS. Los
vendedores obtienen la máxima publicidad de sus propie‐
dades utilizando este sistema. Cada vez que un agente in‐
mobiliario pone a la venta una vivienda, la introduce en el
MLS si es miembro de la organización.

Por eso es importante que, cuando pongas tu casa en
venta, digas a los agentes inmobiliarios que te gustaría que
tu casa apareciera en el MLS, donde tendría la máxima pu‐
blicidad. Allí podría verse en el sistema informático y en
otros lugares. Hay algunos sistemas que permiten a los
agentes inmobiliarios introducir en la computadora los pa‐
rámetros de búsqueda de sus clientes potenciales, de modo
que los agentes pueden comprobar eficazmente día a día si
han salido nuevas propiedades al mercado. El MLS no sólo
permite a los compradores acceder a las ventas actuales,
sino que también revela información sobre ventas anterio‐
res que informará a los compradores sobre el estado del
mercado. Suele ser a través del MLS como los comprado‐
res encuentran la casa adecuada. Podrían ver el rango de
precios o la ubicación, que es muy importante. Mi palabra
de aliento es: si quieres llegar a alguna parte en el sector
inmobiliario, tienes que empezar y trabajar hasta llegar a
la cima. Espera pacientemente a que llegue el precio ade‐
cuado. No hay por qué tener prisa. Lo he demostrado va‐
rias veces. Una relación laboral se convierte en algo mutuo

cuando ambas partes hacen lo que tienen que hacer. Si le dices al agente inmobiliario lo que quieres, creo que respetará tu petición y hará lo que le has pedido mientras sea legal y te beneficie a ti, el vendedor. Cuando visites a tu agente inmobiliario, intenta establecer esa relación de trabajo, tanto si eres vendedor como si eres comprador.

¿Cómo vendo mi casa?

Como se suele decir, la primera impresión cuenta, si entiendes esta noción te ayudará a vender tu casa. Vender y comprar bienes raíces es lo que mejor saben hacer los agentes inmobiliarios. Antes de que tu casa salga al mercado, debes hacerte una pregunta como "¿estoy preparado para vender mi casa'? Es una decisión muy importante la que estás tomando. He visto a vendedores llamar a agentes inmobiliarios y poner sus casas en el mercado y al cabo de dos días retirar la casa del mercado. Esto no indica necesariamente que hayan bajado los precios, sino que están inseguros sobre sus próximos pasos. Vender una casa, sobre todo una vivienda habitual, es una decisión que debe tomarse con mucha consideración. Es un proceso que te afectará a ti y a tu familia, por lo que debes estar bien informado. Una vez vendida tu casa, tienes que mudarte, así que tiene que haber un lugar asegurado para que vivas. Puede que tengas que irte a vivir con un amigo o un pariente. En cualquier caso, ten en cuenta que debe haber un lugar donde vivir. Puede resultar sorprendente decir esto, pero tengo que decirlo porque es cierto. He visto en varias ocasiones que los vendedores ponen sus casas en contrato de venta y no piensan en dónde vivirán una vez vendida la propiedad. Tanto si vendes a través de un agente como si lo haces tú mismo, la verdadera realidad es que tendrás que mudarte. Tu mudanza debe determinarse incluso antes de que tu casa salga al mercado. No debes asustarte por un contrato firmado porque no tienes donde vivir, "**adelántate en el juego**".

¡Muchos propietarios vendieron su vivienda por su cuenta! Claro que puedes, aunque no es una tarea fácil. Puede que quieran hacerlo por distintos motivos, quizá no quieran pagar una comisión a un agente por vender su casa, o quizá no quieran que sus vecinos tengan conocimiento de que están vendiendo su propiedad. También es posible que no quieran ver a un agente inmobiliario entrando y saliendo de su casa o, sorprendentemente, a algunos vendedores no les gustan los agentes inmobiliarios. Hay muchos propietarios que venden su vivienda por su cuenta, y seguro que tú también puedes; nadie dice que no puedas. Cuando tu casa salga al mercado, asegúrate de que estás preparado para la mudanza.

Hay algunas cosas en las que fijarse que podrían hacer bajar el valor de una propiedad, puede que ni siquiera sepas cuáles son y a veces ni siquiera seas consciente de lo que estas pequeñas cosas podrían hacer con respecto a la venta. A veces lo sabemos pero lo damos por sentado, porque parecen sencillos pero no lo son. Vender tu casa es un proceso que te afectará a ti y a la decisión que tomes, así que mantente informado. Para conseguir el precio que vale tu casa, necesitas a alguien con experiencia en quien puedas confiar. Vender la propiedad tú mismo no significa que te embolsarás la comisión. Con un comprador experimentado, puede que acabes poniendo menos de la comisión de tu bolsillo, sorprendente, ¿verdad? Puede que no lo sepas, pero te digo la verdad. Un comprador con experiencia sabe negociar, y podría negociar más que la comisión para su bolsillo. Cuando no sabes quiénes son tus compradores, lo más prudente es buscar a un experto.

¿Y un comprador cualificado, cómo se encuentra? Los vendedores tienen que asegurarse de no perder tres meses con un comprador no cualificado. Esto podría costarte más de lo que necesariamente gastarías con un profesional inmobiliario cualificado. Una buena razón para trabajar con un agente experimentado es que tiene mucha información a mano, y no sólo eso, sino que tiene la fuente de la que la ha obtenido. Son muy cuidadosos a la hora de seleccionar a los posibles compradores. Han dedicado un tiempo valioso a obtener la información prudente necesaria para atraer a tu casa a un comprador preparado, dispuesto y capaz. Verás, los agentes inmobiliarios prefieren no perder el tiempo con una persona que está pasando una buena tarde y quiere echar un vistazo a las propiedades, pero no ha decidido que la mejor forma de hacerlo es a través de un agente inmobiliario. Nos abstenemos de mostrar propiedades a los compradores; si desean verlas, pueden buscar por su cuenta las que figuran "en venta por el propietario". Utilizando este método, podrían visitar todas las propiedades que quisieran y, al hacerlo, perderían su tiempo y tú el del vendedor.

ALGO QUE HARÁ QUE TU CASA SE VENDA

¿Recuerdas qué fue lo primero que te atrajo de tu casa cuando la compraste? ¿Cuáles eran las características más atractivas? Ahora que estás vendiendo, tienes que verlo como si lo estuvieras comprando de nuevo. Muchas veces los propietarios colocan un letrero delante de su casa que dice "en venta por el propietario" Quiero que sepas que a veces un letrero por sí solo no puede y no venderá tu casa. Cuando tu casa sale al mercado, ahora compite con otras casas que están en el mercado y necesita algo más que un letrero delante de ella. Quieres que tu casa se venda en el menor tiempo posible; por tanto, debes conseguir toda la publicidad posible para la venta y al precio adecuado, razón por la cual debes hablar con un agente inmobiliario. No digo que no puedas vender tu propiedad por ti mismo, pero puede haber algunos inconvenientes al intentar hacerlo tú mismo. Tu casa tiene un letrero de se vende delante, o en una ventana, sólo lo verán los que pasen por delante, ¿no necesitas más publicidad que eso?

En segundo lugar, te estarás dejando vulnerable a que demasiadas personas entren en tu casa desde la calle sin saber quiénes son; tampoco sabrías si están preparadas, dispuestas y capacitadas para comprar tu casa. No te arriesgues; es mejor pagar una comisión a un agente inmobiliario. En caso de que estés en estado de shock por esto, me gustaría compartir contigo algunas cosas aparte de un letrero que ayudarán a vender tu propiedad. Básicamente, hay cinco cosas que debes tener en cuenta a la hora de vender.

- **Precios**

Si el precio es correcto, siempre habrá un comprador. Hay compradores por todas partes; se pasean por las calles todos los días. Pasan por tu propiedad cada minuto. Aunque haya un letrero que diga "se vende", si el precio no es correcto, preguntarán y seguirán pasando hasta que estés cansado y frustrado, entonces conseguirás el precio correcto. Al vender tu casa, el precio que fijes es un factor decisivo en la respuesta que recibirás. Hay varios factores en los que se basa la venta de la propiedad.

- **Los términos desempeñan un papel en la venta**

Hay muchos compradores que quieren comprar con muy poco dinero y, aunque tengan un buen trabajo, puede que no dispongan de él. Buscan a alguien que les diga, "yo te guardaré la hipoteca" o "yo cargaré con una parte de tu hipoteca". Eso sería un incentivo para el comprador y también propiciaría una venta más rápida, lo llamamos un vendedor flexible. Esto también puede suponer un dinero extra para el vendedor. Una vez que tienes una hipoteca sobre la venta, tienes derecho a algún tipo de incentivo, que llamamos interés. Esto sólo podría hacerse si tú, el vendedor, no dependes del dinero de la venta para meterte en otra casa.

- **Condiciones del mercado**

Las condiciones del mercado deben tenerse en cuenta al preparar un inmueble para la venta, ya que influirán en la forma de comercializarlo. A veces probablemente haya que cambiar el estado físico, o tal vez necesite una mano de pintura. Si es necesario, haz los cambios necesarios para que la propiedad sea más vendible. La mayoría de las veces, cuando una casa sale al mercado, el vendedor puede decir, "la vendo tal como está", lo cual es correcto, la casa puede venderse "tal como está". Esto es lo que ocurrirá: puede tardar más en venderse y obtendrás menos dinero. Si la casa no necesita mucho dinero para arreglarse, deberías seguir adelante y hacer los pequeños trabajos que necesite para que sea mejor para ti, el vendedor. Hay compradores que buscan casa y no saben el precio de un galón de pintura semibrillante, o la diferencia entre semi y lisa. A ese comprador le parecerá mucho trabajo y dinero pintar aunque sólo sea una habitación, así que podrías ver que si la casa está pintada, ese individuo comprará la propiedad por más, porque una simple reparación parece un proyecto millonario.

Consideremos la ubicación como la cuarta herramienta de venta. Sabemos que no puedes trasladar la vivienda, por lo que la ubicación tiene que ser la adecuada. Lo que puede que necesites es utilizar pintura cara para pintar la casa. Haz un pequeño trabajo extra para compensar la ubicación, ya que no puedes eliminar la propiedad.

Coloca una bonita lámpara de araña en el salón; utiliza una alfombra barata para el suelo. En este caso, no tienes control sobre la ubicación, pero haces todo lo posible para que la propiedad resulte atractiva y se produzca la venta. Una vez que el comprador mire la casa y vea que está bien montada, atraerá a dicho comprador. Te espera una venta más rápida, e incluso una oferta más alta en una ubicación que no es necesariamente la mejor, pero la condición de la vivienda podría hacer subir el precio.

Nuestra quinta y última herramienta es la publicidad. Estaremos de acuerdo en que la publicidad es buena para la venta de una propiedad. Es posible que se lo cuentes a tu amigo y que éste se lo cuente a otro amigo. Se trata de un proceso de publicidad muy lento. También puedes poner un letrero delante de tu casa que diga "se vende", como hace la mayoría de la gente hoy en día. Algunas personas van un poco más allá publicando un anuncio en el periódico, lo que también está bien. Hay otra forma de vender tu propiedad. Esto se llama publicidad máxima. Habla con tu agente inmobiliario de al lado. Pregúntale si es miembro del Servicio de Acuerdo Múltiple de Venta (MLS). Si no estás seguro de lo que es el MLS, pregunta a tu agente y estará encantado de explicarte si vas a anunciar tu propiedad en su oficina. Una vez en la lista, darán a tu casa toda la publicidad posible. También puedes pedir al agente inmobiliario que retire el letrero de cartón que tienes en la ventana y lo sustituya por un letrero profesional de su oficina. Este tipo de publicidad que ahora recibirá tu propiedad será fenomenal. Has trabajado duro por tu casa, por lo que debes hacer todo lo posible por conservarla y asegurarte de que recibes el precio máximo. Algunos vendedores ponen un letrero en el escaparate que no se puede leer desde la calle. Si quieres leer el letrero, tendrías que trepar por una valla para leer la pequeña inscripción de la pizarra. Estas son las razones por las que necesitas hablar con un profesional; te ayudará a vender tu casa de forma profesional y créeme, cuando veas todo lo que tiene que pasar, estarás de acuerdo en que es digno de su comisión, porque es un trabajo duro.

EL MEJOR MOMENTO PARA VENDER

Hay muchos vendedores potenciales que quieren vender su casa, pero no saben qué hacer ni cuándo subastarla para venderla. Se sientan con la esperanza de que se produzca la venta y en poco tiempo se sientan sin hacer nada, esto es realmente cierto. No hace mucho, fui a enseñar una propiedad en venta. Enseñé la propiedad y me estaba marchando cuando el vecino de al lado me vio al salir y me llamó. Fui muy cortés con él sin saber que era el dueño de la propiedad. Al hablar con él me dijo, "sabes que quería vender mi casa". Eso era exactamente lo que quería oír. Lo llamé "buenas noticias para mis oídos". Al día siguiente fui a buscar el listado. Una semana después, se vendió su casa. El mejor momento para vender tu casa es cuando decides que estás preparado para venderla, tanto si vas a mudarte de ciudad como si vas a mudarte a una casa más grande o más bonita. Tú eres el factor determinante.

Lo mejor que puedes hacer es hablar con un profesional del sector. Si no tienes experiencia en comercializar una propiedad, no te sientas mal, pero qué vergüenza de ti si no llamas a un profesional. Aunque sea tu casa, puede que necesites asesoramiento. Cuanto más instruido estés sobre la venta, más posibilidades tendrás de ganar más dinero. Nunca debes tener prisa por vender. Si tienes prisa, no tendrás tiempo de seleccionar al mejor comprador y eso significa que puedes perder dinero. Estarás así de ansioso por decir que sí a la primera oferta. Date mucho tiempo, más tiempo significa más dinero. Mi consejo es que nunca tengas prisa por vender tu casa. Si lo haces, te estás vendiendo mal. Sería bueno que observaras el mercado para ver en qué dirección va, si hacia arriba o hacia abajo. Otro factor que afectará a la venta es la tasa de interés. Cuando la tasa sea baja habrá más compradores. Naturalmente, si la tasa es alta, la gente mirará, pero será difícil convertir a esos mirones en compradores, a menos que consigas hacer un buen negocio, como lo llaman algunos. Como sabes muy bien, todo el mundo en el mercado busca una oferta, y tú también deberías, si pudieras encontrarla.

Sabemos que el tiempo cambia en algunas partes del país y esto hace que el proceso de venta sea, por así decirlo, estacional. En las zonas donde el tiempo es muy frío y gélido, hay viviendas que no se ven demasiado bien porque el suelo puede estar cubierto de nieve. A la gente le gusta hacer sus compras a domicilio cuando hace buen tiempo y puede ver el suelo. La mayoría de los vendedores no quieren enseñar sus casas cuando hace mal tiempo. Puede que haya demasiado tráfico entrando y saliendo con toda esa agua en los pies. ¡A nadie le gusta eso! ¿Estás de acuerdo? Tendemos a creer que hay más compradores de vivienda que empiezan a comprar a principios de primavera y pasan del verano a principios de invierno. Si tienes intención de vender tu casa, ¿por qué no haces un pequeño jardín de flores en la fachada de la casa o al lado? Esto marcará una gran diferencia en el espectáculo, más de lo que lo haría sin el jardín. Pruébalo y mira los resultados.

Comercializar tu casa

Es muy importante tener en cuenta el marketing, o comercialización. Volver atrás un par de páginas y obtendrás algunos consejos sobre la comercialización de tu vivienda. Si utilizas estas técnicas de comercialización, deberían proporcionarte éxito y aumentar tu margen de ganancias. Creo que sería difícil encontrar otro tipo de formas de mejorar tus estrategias de mercado que las mencionadas en este libro. Por supuesto, mucha gente dice que puede vender su casa en cualquier estado. Lo único malo es que, sencillamente, no podrás conseguir el precio que probablemente querías. Podría permanecer en el mercado un año más a una oferta aún más baja. Invertir un par de dólares en pequeñas reparaciones podría darte una venta más rápida y el doble de lo que costó esa pequeña reparación. No hay nada malo en pintar la casa para el comprador, ganarás un par de dólares más.

Quiero darte una pequeña pista respecto a la venta de tu propiedad pruébalo y comprobarás que funciona. Antes de poner tu casa en el mercado con ese letrero de se vende o en el escaparate, date una vuelta por delante de la propiedad y échale un buen vistazo para ver si se podría hacer algún tipo de mejora. Así parecerá más presentable a los ojos de los compradores. Si hay algo que has visto que podría mejorar la propiedad, no dejes que nadie te diga que no lo hagas, sigue adelante y haz la mejora. Una vez hecho esto, toma otra vista de la propiedad como hiciste antes y compara ambas vistas. Una cosa mejor que podrías hacer es hacer una foto antes de hacer la mejora y después, verás la diferencia por ti mismo.

¿Y si mi casa no se vende?

Poner tu casa a la venta es un proceso. Que tu casa esté en venta no significa que tengas garantizada una venta rápida. Lo que ocurrirá es que habrá muchas llamadas sobre el hogar. Si el propietario pone un letrero de "se vende", también recibirá muchos invitados no deseados. Esto durará un tiempo limitado. Lo que tendrás que hacer es darte cuenta cuando tus llamadas sean cada vez menos diarias, y la vivienda no se venda. Quizá tengas que empezar a preguntarte por qué mi casa no se vende después de tantas llamadas. Necesitas saber cuál es el problema, para poder hacer los ajustes necesarios. Es posible que el precio de la vivienda sea demasiado alto. Quizá deberías haber pintado un poco. Es posible que haya que reparar la valla, si la hay. Necesitas echar un segundo vistazo, para poder encontrar dónde hacer ajustes.

Si no investigas por qué no se vende tu propiedad, puede permanecer en el mercado durante un largo periodo de tiempo, causando frustración tanto a ti como a los posibles compradores. Esto puede estigmatizar la propiedad y dejar una impresión negativa en los posibles compradores, que pueden preguntarse por qué la casa lleva tanto tiempo en el mercado sin venderse. Ahora van a sacar la conclusión de que debe de haber algo mal para que tu casa no se venda. Puedes vender tu propiedad tú mismo, pero si buscas la ayuda de un agente inmobiliario, evitarás costosos errores y pérdidas de tiempo. Estarás de acuerdo en que tener una casa es la mayor inversión que puedes hacer nunca, y debes procurar cuidarla bien. Por eso he dicho que, cuando estés en apuros, busques el consejo de un profesional. Le irá mejor que mal en el proceso.

Un simple error podría hacerte perder la venta mientras intentas ahorrarte la comisión que crees que te estás ahorrando. Después de estudiar todas las posibilidades y que tu casa no se venda, puede que tengas que hacer lo que a nadie le haría feliz. Puede que tengas que reducir el precio y pintar un poco para renovar la propiedad y volver a ponerla en el mercado.

Otra forma de vender es que algún corredor de propiedades o inversor compre tu casa a un precio reducido si no se vende al cabo de un tiempo. Esta podría ser tu mejor oportunidad después de un largo juicio si tienes que vender debido a tu traslado laboral, o simplemente estás cansado de ser una persona de ciudad. Si no hay mucha prisa por conseguir dinero, podrías incluso hacer saber a alguien que estás dispuesto a recuperar la hipoteca. Esto podría propiciar una venta rápida y más dinero para ti como vendedor. Si no entiendes cómo funciona, puedes pedir a tu abogado que te lo explique.

¿Cómo pongo precio a mi casa?

Todo el mundo piensa que su casa vale mucho dinero y que su casa es la mejor. Pero no importa cómo pienses, ni lo que pienses, simplemente no se venderá por lo que piensas. Puedes decir "ay" acabo de poner una caldera nueva, o acabo de hacer el tejado. No pasa nada, porque la casa no se vendería sin caldera, a menos que la vendas a un precio reducido; lo mismo ocurre con el tejado, y ya sabes que tu casa se llamaría "'handyman special", es decir, casa atractiva para remodeladores".

Antes de vender, consulta a un profesional, te ayudará con el precio. El precio tiene que ver con la condición de tu casa. La ubicación puede no ser un factor en algunos casos, mientras que en otros la ubicación puede afectar a la venta. Si la ubicación no es deseable, puede que tengas que utilizar el precio para endulzar la venta. Muchas veces, será la casa de tu vecino de al lado que se ha vendido recientemente. Si el precio de la casa era correcto, ayudará a conseguir un buen precio para tu casa. Si la vendiera un profesional, alguien que conoce el mercado y que probablemente hizo un Análisis de Mercado Comparable, o CMA por sus siglas en inglés, para esa casa, sin duda te iría bien. El CMA mostrará todas las viviendas que se vendieron en un radio determinado de tu propiedad que sea similar a la tuya; esto podría generarte más dinero. Hagas lo que hagas, es importante que consultes a un especialista inmobiliario para que te ayude en tu transacción inmobiliaria. Esto te ayudará a obtener un valor de mercado justo para tu casa. Un buen agente inmobiliario desempeña un doble papel en el sector, no te equivocarás tratando con un agente experimentado.

¿Qué es el valor justo de mercado?

La mayoría de los compradores siempre piden un poco más de lo que normalmente buscarían o de lo que saben que el mercado puede soportar. Todos quieren más, y más, por lo que dejan margen para la negociación. Normalmente es mediante la negociación como llegan a un acuerdo con el vendedor. En la mayoría de los casos, el agente haría un análisis de mercado comparable y podría aumentar el precio un 5% más o menos para negociar, en la mayoría de los casos un 5% de margen sobre el precio. Esto daría un valor justo de mercado de la propiedad. Incluso puedes consultar a un tasador inmobiliario que también haga un CMA de tu casa. Si tienes prisa y quieres una venta rápida, puedes pensar que el precio sugerido es razonable. De lo contrario, puedes pensar que no lo es. ¿Cuánto pagarías por la vivienda si fueras el comprador? Tienes que decidir una oferta que te parezca competitivo y coherente con el precio de venta de otras viviendas de tu zona. Es posible que obtengas un par de miles más o menos, dependiendo del estado inmediato de la propiedad. Por eso es bueno mantener tu casa en buen estado, para que cuando estés listo para venderla no haya demasiadas reparaciones. Si hay muchas reparaciones, quizá tengas que bajar el precio o comercializar tu propiedad como una casa atractiva para remodeladores. Eso significa "menos dinero".

Una casa que necesita reformas es una casa que está a la venta con la esperanza de que el comprador la compre y haga las reformas. Algunas personas lo llaman "Fixer Upper", que es lo mismo que una casa atractiva para remodeladores; es sólo una elección de palabras. Sea cual sea el término utilizado, significa que tu casa necesita trabajo. Este tipo de propiedad no se vendería a un precio normal.

Tú, el vendedor, no podrías exigir el precio que te gustaría y deberías tenerlo en cuenta incluso antes de poner la casa en el mercado. El valor justo de mercado es lo que vale la propiedad en función de su estado y del tipo de mercado en el que nos encontremos en el momento de la venta.

131

¿Debo arreglar mi casa antes de venderla?

Vender tu casa es un proceso complicado que tiene que ver con la mayor inversión que se puede hacer en toda una vida, y debe pensarse cuidadosamente. Está bien arreglar tu casa antes de que salga al mercado. No hay ninguna ley que diga que tienes que arreglar o que no tienes que arreglar. Sólo es cuestión del dinero con el que esperas salir de la venta. Si arreglas la propiedad, ganarás más dinero que si no haces las reparaciones necesarias. Lo que hace falta aquí es simple lógica. Si la propiedad está en buenas condiciones, podrás exigir más dinero por ella. Habrá más posibles compradores y estarás de acuerdo en que tendrás más gente mirando, lo que aumenta las posibilidades de tener una venta más rápida y un precio más alto en menos tiempo. Por tanto, si tienes dinero para invertir en la propiedad, hazlo.

¿No es mucho más fácil vender una casa en buen estado que una que sea casa atractiva para remodeladores? La mayoría de la gente no comprarán una casa atractiva para remodeladores. Suelen considerar que la tarea de restaurar la propiedad es una empresa importante y, por tanto, no desean involucrarse. Algunas personas no tienen ni idea de lo que cuesta restaurar una casa en términos de precio de material y mano de obra. Te sugiero que, si eres una persona así, consultes a alguien que conozca el trabajo que hay que hacer.

Si tu casa es bastante nueva o está en buenas condiciones, hay mucho margen de negociación. Lo más probable es que no tengas que hacer ningún trabajo para prepararlo para el mercado. El tipo de trabajo depende del precio que pidas. Sería bueno hacer algún trabajo en el exterior. Esto hace que la propiedad resulte atractiva y que más compradores quieran ver el interior.

Una vez que la casa tiene buen aspecto exterior, va a atraer a posibles compradores, el 98% de las veces la casa se venderá más rápido y a un precio más alto del esperado. A veces pasas por delante de una vivienda y, por su aspecto exterior, te dices, "esa casa tiene buena pinta", ¿no es cierto? Lo he dicho yo misma e incluso a mis amigos en muchas ocasiones: me encanta ver una casa bien cuidada. Aunque la casa no está en venta, estás dispuesto a comprarla. He oído a mucha gente decir, "si esa casa estuviera en venta, la compraría ahora", incluso puede que lo digas tú mismo. Por tanto, es bueno arreglar la vivienda antes de que salga al mercado. Estarás de acuerdo en que un exterior atractivo generará algo de tráfico. Aunque esa no será la única forma de conseguir que los posibles compradores vean tu casa. Si te pones en contacto con el agente inmobiliario adecuado, dará a tu casa toda la publicidad del mercado hasta que se venda. Así es como los compradores encontrarán tu casa. Hay vendedores que llamarán a los agentes inmobiliarios y les informarán de que tienen una casa en venta, algunos sólo dirán, "quiero que se venda mi casa porque tengo que irme pronto de aquí", pero sabe qué, "prefiero evitar mucho tráfico de los pies de clientes potenciales en mi casa" y amablemente absténganse de colocar un letrero en mi propiedad. Es posible vender tu casa en estas condiciones, pero no siempre funciona. Esto tendrá que ver con las condiciones del mercado y el precio. En la mayoría de los casos, un agente inmobiliario necesitará tiempo para conseguir un comprador dispuesto y capaz.

¿Qué hará que mi casa se venda?

No hay una sola cosa que haga que tu casa se venda. Hay distintas cosas que pueden tener que ver con una casa para que se venda a tiempo. El precio desempeñará sin duda un papel en la venta de tu casa. De eso no hay duda. Si el precio de la vivienda está por debajo del valor de mercado, no hará falta ninguna otra magia para venderla. Si estás dispuesto a hacer las reparaciones necesarias, incluida la pintura, tu casa se venderá. Hay que recordar que cuando hablamos de pintura no se trata de cualquier tipo de pintura que pueda utilizarse para hacer que tu casa sea vendible. Algunas pinturas, por supuesto, desanimarán al comprador. Recuerdo que una vez fui a comprar una casa. Miré en la casa que estaba recién pintada, por lo que se podría pensar que esta casa era vendible. Varias personas miraron la propiedad y se alejaron de ella, aunque estaba recién pintada. Sin duda dedicaste mucho tiempo a preparar la casa para el mercado, pero no hiciste un buen trabajo; por tanto, tu esfuerzo no sirvió para nada.

Preparar tu casa para el mercado requiere una planificación cuidadosa. Tendrás que captar la atención del comprador cuando vea tu casa. Te gustaría que el agente inmobiliario se centrara en el objetivo de vender tu casa, así que deberías darle la ventaja de hacerlo dándole a la propiedad ese lavado de cara que necesita. Si se realiza un número razonable de visitas a la vivienda y, tras 15 o 20 visitas, no hay ningún comprador, esto indica que la vivienda tiene una buena publicidad en el mercado, pero probablemente el precio sea elevado o la condición de la vivienda no era buena. En este caso, deben tomarse medidas correctoras en forma de reducción del precio o algunas reparaciones menores. Si se pueden tomar medidas correctoras, no dudes en hacerlo. Puede ser una buena idea preguntar a los posibles compradores qué les gusta de la vivienda y qué no. Esto daría al vendedor un poco más de ventaja si conoce el problema por el que no se vendió la casa. Si el precio de la vivienda es el problema, entonces es necesaria una reducción del precio. Estos procedimientos propiciarán la venta necesaria para completarla y evitar una pesadilla.

Llegar a los posibles compradores

No hay una única forma de llegar a los posibles compradores, es muy importante utilizar todos los sistemas disponibles para explorar el mercado, aunque sea mediante publicidad. Hubo un tiempo en que vender una casa era fácil, pero ya no lo es. Algunas personas colocan un letrero delante de su casa o pegan un trozo de cartón en la ventana que dice, "casa en venta por el propietario". Puede que incluso vayan un paso más allá y pongan un anuncio en el periódico, y luego esperen lo mejor. Por supuesto, los agentes inmobiliarios también hacen lo suyo, pero harán un poco más de lo que tú, propietario de la vivienda, harás.

Los agentes se aprovechan del MLS (Servicio de Acuerdo Múltiple de Venta). El MLS es muy útil. Ayuda a vender tu propiedad en toda la ciudad. El agente colocará tu casa en el MLS. La red permitiría que otros agentes de toda la ciudad tuvieran acceso a ese anuncio. Además, los agentes inmobiliarios están en contacto con compradores y vendedores todos los días. Conocen el mercado y pueden llegar a los compradores en la mayoría de los casos. Me acordé de hablar con una señora, me dijo que quería vender su casa. Había enseñado la propiedad a mucha gente, pero nadie mostró interés por ella. Le pedí que pusiera la casa en la lista de la empresa para la que trabajo, me dijo que no quería, así que la dejé. Un año después le pregunté si se había vendido su casa y me contestó que no. Le pregunté por qué no se había vendido la casa al cabo de un año y si no estaba interesada en venderla. "Sí", respondió ella. "¿Por qué no me lo das?" Volví a preguntar. "Parece como si tuviera que hacerlo ahora", dijo. "¿Cuándo puedo ir?" le pregunté. "Mañana por la tarde", respondió ella. "Ah, sí", confirmé. Esa tarde fui a la casa y me señaló el anuncio en el listado de ventas. Ahora que conseguí el listado, al día siguiente concerté una cita para enseñar la casa, ella parecía un poco sorprendida, pero me dijo que estaba muy contenta cuando llamé para enseñar la propiedad. Recibí una oferta de aceptación, dos días después de poner la propiedad en venta, había un contrato de venta. Lo que ocurre es que los agentes tienen compradores dispuestos a comprar y, en la mayoría de los casos, necesitan conseguir el listado, porque tienen a los compradores esperando. Ponerse en venta con un agente puede propiciar una venta más rápida y un precio más alto.

Mostrando tu casa a un posible comprador

Mostrar tu propiedad a un posible comprador debe hacerse de forma oportuna y ordenada. Mucha gente pensará que no hay un procedimiento correcto para enseñar su casa. Es mejor mostrar primero el interior de la vivienda. Una vez que hayas terminado de mirar por fuera, entonces es el momento de irte.

No sabes cómo es un comprador, así que tienes que mostrárselo a todo el mundo y mostrar el mismo respeto a todos. Nunca des por sentado que esa persona no puede comprar una vivienda por su forma de vestir o su aspecto. Los compradores no tienen forma ni color.

Recuerdo que hace unos años estaba buscando una vivienda, me acerqué a la propiedad donde un promotor estaba construyendo viviendas para la venta, pregunté por el propietario, se acercó y me gritó: "¡No tengo trabajo!" Me sorprendió un poco; yo no pedí trabajo, pero él pensó que yo podía estar allí sólo por un trabajo. Tenía el concepto equivocado de que yo no podía comprar una vivienda. De mis años en el sector inmobiliario, no he visto que los compradores vengan en una forma especial ni que lleven una ropa especial. Cuando mencioné la compra de una vivienda, quiso saber si tenía dinero para comprarla. No podemos ser demasiado cuidadosos con la forma en que tratamos a los posibles compradores. Cuando le pedí que no se obsesionara demasiado con mi aspecto o apariencia y que soy un comprador auténtico, se sorprendió un poco. Lo que quiero decir es que todo el mundo debe recibir el mismo trato, oportunidades y respeto hasta que se demuestre lo contrario. Este hombre construía casas para vender, pero pensaba que sus compradores vendrían vestidos de traje y conduciendo uno de los últimos modelos de automóvil. Es un concepto erróneo que no debe utilizarse. Finalmente, cambió de opinión y decidió que iba a perder el tiempo enseñándome la propiedad, y así lo hizo. Me enseñó cuatro casas y después de mirar en la última, elegí dos que compré. Se quedó sin aliento durante un rato, no uno, sino dos. Me miró de nuevo y me preguntó: ¿de dónde vas a sacar dinero para comprar dos casas? Mi respuesta fue "señor, lo veré mañana". Al día siguiente volví, hice los trámites necesarios, llevé los papeles al banco y compré las dos viviendas.

Nunca puedes predecir qué aspecto tendrá un comprador potencial cuando llegue. Lo que se haga por uno debe ser igual para todos. Antes de empezar a enseñar tu casa, recoge todas las herramientas y guárdalas en un almacén, deposita todos los botes en la basura y cierra la puerta. Estaciona tu automóvil en la calle. Enciende las luces de la casa, haz todas las camas. Dará a la casa un aire diferente, rocía un poco de ambientador en la casa para que huela a fresco. Puede haber bombillas fundidas, sustitúyelas antes de enseñar la casa. Será bueno que limpies la cocina, la nevera, si los grifos gotean sustitúyelos, son consejos muy importantes que te ayudarán a vender la vivienda mucho más rápido. Algunos compradores se creen listos, y lo son, pero como tú eres el comprador y es tu dinero el que gastas, quieres demostrarles que eres listo. Asegúrate de mantenerlo así. Dirán que tengo el dinero, es verdad. Tengo que asegurarme de que estoy contento con lo que compro, eso también es cierto. Pero, vendedores, identifiquen cualquier problema de antemano y el proceso será más manejable para ti. Cuando un comprador llegue a tu casa, verá que eres más inteligente. Algunos compradores son listos, van con un bloc de notas y un lápiz cuando van a ver una casa. Verás que se pasean y toman notas. No dicen lo que escriben; sólo puedes pensar que se trata de un comprador inteligente. Están haciendo una lista de las distintas cosas que se podrían hacer para mejorar la propiedad. Esto es lo que quieres que hagan, porque la casa está en buenas condiciones, así que cuanto más hagas antes de que vengan a verla, menos tendrán que escribir. Cuanto menos escriban, más posibilidades tendrás de vender. Cuando no encuentran qué escribir, entonces no hay excusa para comprar. Tienes que adelantarte a los intercambios y mantenerte ahí. Con este tipo de táctica de comercialización conseguirás tu precio en menos tiempo.

¿Cuándo empiezo a buscar casa?

El mejor momento para empezar a buscar casa es cuando hayas decidido completamente lo que quieres. Ya sabes cuántas habitaciones. El tipo de casa en la que realmente quieres vivir, y si la ubicación es un factor, entonces busca tu ubicación, y luego todas las características diferentes que realmente quieres en ti. Comprar tu primera vivienda es como hacer realidad tu primer sueño, sueñas con una mejor calidad de vida y, por tanto, tienes que planificarlo. Tu casa puede ser una acogedora vivienda inicial o una mansión reluciente, estás tomando una decisión vital que refleja tus necesidades y deseos personales. Si no te decides y tienes una visión clara en mente, deberías retirarte del proceso de compra hasta que lo tengas claro. Te estás preparando para una gran sorpresa y una gran pérdida de tiempo, sin ni siquiera darte cuenta. Se trata de que sepas lo que buscas en una casa, para que puedas ir directamente a comprarla. Hay ciertos compradores que, con nada más que ver el exterior de una casa, ya saben que es la suya. Reducen la confusión durante el proceso de compra de una casa. Sería sin duda una nueva definición de comprar una casa. Una vez que te decidas por la casa, vas a reunirte con tu agente inmobiliario. En el proceso de sentarte con él o ella, deberías ser capaz de describir tu casa. Puede que tengas que hacer un pequeño ajuste después de hablar con tu corredor, si es así, no pasa nada, porque en la mayoría de los casos no encuentras la propiedad ideal que estás buscando. Investigar un poco por tu cuenta puede ser útil, no hay nada malo en ello. Puede que tu vecino o un amigo ya se lo haya llevado a casa y esté muy contento con la compra. Como ves, al informarte sobre tus intenciones de compra, puedes proporcionar a tu agente información valiosa, que le hará más atento y considerado cuando se comunique contigo. Un consumidor educado es el mejor con quien tratar. Siempre que empieces a buscar casa, tienes que ser consciente de que ahora eres un comprador listo, dispuesto y capaz. Esto significa que tienes lo que se conoce como dinero depositado en el banco, no en casa. El banco no quiere ver esa suma global de dinero en efectivo. Tendrás que convencer a la institución crediticia de cómo consigues este dinero, antes de que acepten concederte un préstamo. Estar preparado también significa que cuando veas la casa que te gusta, vas a hacer lo necesario para firmar un contrato. Esto demostrará tu voluntad y tu capacidad para completar la venta. Cuanto más informado estés, mejor será probablemente tu decisión final. Este manual debería servir para abriros las puertas a los que están en el mercado para comprar una vivienda. Debería encajar perfectamente para muchas personas, porque se presta tanto a los compradores como a los vendedores.

¿Necesito un abogado al comprar una casa?

Comprar una vivienda puede ser un proceso muy complejo y confuso; por eso, necesitas un abogado. Hay algunas personas que pueden pasar sin abogado, pero para ti que no estás versado en los diferentes procesos y etapas es recomendable que recurras a un abogado. Hay que redactar documentos legales que a veces son confusos y requieren un abogado con experiencia. Tu abogado incluso te acompañará al cierre para asegurarse de que todo transcurre con la mayor fluidez posible. No todos los abogados se ocupan de transacciones inmobiliarias, así que pregunta a tu agente por un abogado que te ayude en tu transacción. Nunca intentes hacerlo tú mismo, hacerlo tú mismo es cuando termina el cierre y estás en casa, entonces podrías hacerlo tú mismo. Intentar ahorrar dinero puede causarte más de lo que imaginas. Por eso te animamos a que recurras al experto. Hay muchos abogados por ahí, si no conoces a ninguno pregunta a tu agente, los agentes conocen a un montón de abogados inmobiliarios y los agentes velarán por ti durante el cierre, e incluso después de que éste haya terminado. Conocí a un comprador que estaba comprando una casa, cuando le pregunté quién era su abogado, me contestó que no necesitaba abogado, cuando por casualidad averigüé la razón por la que no quería utilizar un abogado fue, "cobran demasiado", así que obviamente no quería gastarse lo que fuera en honorarios para proteger su inversión. Si te paras a pensar un poco, el abogado te ahorra a ti, el comprador, mucho más dinero del que realmente le pagas.

¿Cómo encuentro la mejor oferta?

En el mercado inmobiliario, todo el mundo busca una oferta buena, y no hay nada malo en encontrar una oferta buena. Puede que sólo tengas que esperar a encontrarla o, si tienes suerte, puede que aparezca en tu camino. No hay escapatoria, si tienes paciencia y buscas lo suficiente, encontrarás una de las mejores ofertas inmobiliarias que existen. Los bienes raíces son caros y es la mayor inversión de tu dinero ganado con esfuerzo; por tanto, debes tener mucha paciencia para conservar aquello por lo que has trabajado tan duro. Estás a punto de invertir todo ese dinero que tanto te ha costado ganar y que has ahorrado a lo largo de los años; deberías tomarte un poco de tiempo para gastarlo sabiamente. Busca la casa que quieres, no sólo busques, sino también dile a un amigo que estás en el mercado de comprar una casa, puede que quiera vender, o que tiene un amigo que quiere deshacerse de su casa. No hay nada malo en poner un pequeño anuncio en tu periódico local. Puede que haya un vendedor desesperado leyendo el periódico, allí encontrarás a tu contrapartida perfecta. Hay una frase que dice, "caminar para nada es mejor que estar sentado". Hay veces en que, por casualidad, vas caminando por la calle y te das cuenta de que hay un letrero en una propiedad que dice "se vende por el propietario", o ves una casa que no está bien cuidada. El patio puede tener hierba alta, puede haber varios periódicos en las escaleras, algunos de los periódicos pueden incluso estar quemados por el sol, porque llevan allí mucho tiempo. ¿Por qué no vuelves a pasar por la noche cuando sabes que las luces deberían estar encendidas, si no hay luz, eso podría ser un buen indicador? Esa podría ser tu casa, si no sabes cómo hacerlo, ponte en contacto con tu agente inmobiliario más cercano al día siguiente y dale la información que sepas sobre la propiedad, es posible que dos más o incluso diez posibles compradores más inteligentes y mejor informados hayan estado leyendo mi libro, así que no te demores si por alguna razón hay interés en la propiedad. Si compras una casa de esta manera, puedes conseguir una gran ganga, mientras que hay otras formas de hacerlo. Pero también puede ser un poco más complicado. Podrías ir a tu ayuntamiento e investigar un poco, pero créeme, eso podría ser demasiado trabajo. Si involucras a un agente inmobiliario en tu búsqueda, podrá trabajar con mayor eficacia, pues ya posee los conocimientos y recursos necesarios para llevarla a cabo a un ritmo más rápido que si lo intentaras por tu cuenta. No todos hemos aprendido, ni sabemos utilizar la Red, así que muchos tendremos que seguir el camino antiguo, que está ahí, así que por qué no aprovechar las oportunidades que yacen desperdiciadas, están ahí esperando a que las capitalices. Si tienes miedo, quédate mirando, alguien lo hará por ti. Se acabaron los días en que el maná caía del cielo. Hoy en día hay que ser asertivo y pasar a la acción para tener éxito o arriesgarse a fracasar, aunque eso signifique recurrir a métodos poco convencionales para lograr tus objetivos. Eso es lo que muchos de nosotros tuvimos que hacer para avanzar. Buena suerte en tu búsqueda. Hazme saber lo bien que te ha ido. Que los días de buscar piso pasen a la historia, empieza a buscar ofertas buenas. Nadie está prometiendo nada, estamos diciendo que la vida le debe a cada hombre una vida, y queremos que todos salgan ahí fuera y encuentren lo que la vida les ofrece. Hay momentos en los que tendrás que hacerte la pregunta: ¿adónde voy ahora? Si eres creyente podrías decir, "toma mi mano precioso señor y guíame", pues no puedo encontrar el camino sin ti. Encontrar un lugar donde vivir puede llevar mucho tiempo y es muy costoso, así que quiero que salgas y encuentres el tuyo propio. Mucha gente no considera el precio de la mudanza como un gasto extra, pero lo es. Cuando tienes tu propia casa, eso te aporta cierta independencia. Te sientes el hombre o la mujer de tu castillo, ¿qué mejores sentimientos tener? Comprar da tranquilidad, mientras pagues los impuestos de tu hipoteca, y el seguro, (1) te lo estás pagando a ti mismo, nadie te dirá nunca que te vayas, ni te dará un aviso de desahucio a menos que tu hipoteca no esté pagada. (2) El seguro da tranquilidad, en caso de que se produzca una catástrofe de cualquier tipo, habría alguna indemnización para ti, el propietario. No puedes permitirte ignorarlas, o tendrás problemas. Eres tu propio arrendador; ¿te imaginas lo orgulloso que estarás? Ah, sí, ésa es la sensación que intento evocar en ti.

Una vez que esté ahí, pronto o tarde va a salir, y sabes qué, te vas a alegrar por ello. Veamos ahora algunas de las situaciones a las que te enfrentarás al alquilar. (1) Al contribuir a los pagos de la hipoteca de tu casero, estás reconociendo que está en mejor situación económica que tú y, por tanto, eligiendo ayudarle. (2) Estás proporcionando directamente un beneficio económico a tu casero, mientras tú mismo te encuentras en una situación de penuria económica. (3) ¿Es que él es más listo que tú, o es que tú no sabes pensar? Son cosas en las que hay que pensar, porque a veces nos damos cuenta de que no podemos salir adelante, pero no nos paramos a analizar nuestra situación.

Sólo te pondrás en acción cuando lo consideres oportuno. No habrá ningún arrendador que te pase un aviso por debajo de la puerta, o por el buzón, para hacerte saber que ya has vivido aquí el tiempo suficiente y que es hora de mudarse. Es posible, que no le gustaras al arrendador, pero como pagabas sus facturas, te mantuvo sólo por eso, ahora que el piso necesitaba un lavado de cara, podías irte, eras la persona adecuada para alquilar en ese momento. Ahora está demostrando que ya no te necesita. Es hora de agarrar tu cama y marcharte. Puede que no te guste, pero ¿qué puedes hacer? Cuando esto ocurre, sabes que el propietario te controla a ti y a lo que haces. Él decide tus movimientos. Esto no tiene por qué ocurrir. Fue el sabio Salomón quien afirmó: "El corazón del sabio se inclina hacia la derecha, pero el del necio hacia la izquierda". Espero que tu corazón se inclina a la derecha. ¿Por qué no ser el sabio? Tu arrendador no te está diciendo lo que tienes que hacer, está haciendo lo que le da la gana contigo. Él tiene el control, así que te muestra que es hora de que empieces a pensar por ti mismo. Adquiere tu propia vivienda, invierte en todo el suelo lujoso que puedas, sigue adelante con tus elecciones personales de diseño, ya que ahora tienes el control, y posteriormente invita a tu anterior arrendador a visitarte. Hazle ver que no es más listo que tú, que sólo era cuestión de tiempo que lo consiguieras. Si tienes dinero para comprar en efectivo, entonces tu situación puede ser diferente. Una posibilidad es que fueras un afortunado ganador de la lotería, y eso te pondría por delante. También existe la posibilidad de que algún antepasado te haya dejado algo de dinero y puedas hacerlo sin hipoteca, si es así, buena suerte. Sea cual sea el caso, se sugiere que consultes a un asesor. Cuando se trata de decisiones inmobiliarias, ¡no temas lo desconocido ni las dejes al azar! Pueden ayudarte a dar el paso correcto, y evitar que tengas una pesadilla. Es posible que, con la orientación adecuada, puedas hacer un pago inicial sustancial, mantener una hipoteca y, al mismo tiempo, poder utilizar el resto del dinero para hacer inversiones adicionales. "Muy inteligente, ¿verdad?". Dedicar tiempo y dinero a tu propiedad hará que se valore más con el paso de los años. Si quieres una terraza para hacer tu barbacoa, este es el momento de hacer esa ampliación, la casa es tuya y, lo que se ponga en ella estará aumentando el valor, lo que significa más dinero para ti. Así es como funciona el proceso hasta que hayas completado las mejoras verás cómo tu inversión vuelve a ti. Es más, cuando estés listo para vender notarás una mayor diferencia en el proceso de venta. Hay una cosa que me gustaría señalar:

cuando compras una casa y haces las reparaciones necesarias, estás acumulando capital en tu propiedad. Algunas personas se refieren a él como un estiramiento facial o "face lift" en inglés. Cuestiónate si vale mucho más de lo que has invertido en él. Puedes retirar parte de ese dinero en forma de capital, y ese dinero en efectivo es tuyo para que te lo quedes. Si estás pensando en invertir, podrías hacer otra compra u otra inversión con ese dinero. El dinero puede tomarse de la propiedad en forma de refinanciación o de lo que se conoce como línea de capital. A veces, por la cantidad de dinero que se saca en el momento de la refinanciación, parece que la vivienda te sale gratis. Lo que quería decir es que, digamos que compras por $100,000 y dos años después sacas $125,000, ¿cuál es el precio de la vivienda para ti? Para que esto ocurra, tiene que ver con el precio pagado por la propiedad y lo que se saca. El tiempo puede influir en todo esto. Si no sabes bien qué hacer, pero tienes una pequeña idea, consulta a un especialista que esté en ese campo. Puede que al principio te sientas algo intimidado, pero después de un par de veces te sentirás muy cómodo y te alegrarás de haberlo hecho. No dejes que tus amigos ni nadie te intimide ni te dé consejos negativos. Recuerda que no pondrán dinero en tu bolsillo, ni añadirán dólares a tu cuenta bancaria, así que no les hagas caso. Los consejos negativos son sólo para desanimar, una vez que leas este libro, creo que tendrás cuidado con lo que escuchas y con la forma en que haces las cosas. Me gusta escuchar a algunas personas y a otras las ignoro cuando hablan. ¿Por qué? Porque algunas personas el hablar es como un barril vacío rodando, hacen un ruido interminable sin gran importancia. Lo que obtienes es algo que no edifica; por tanto, no tiene sentido.

Bienes raíces y personas

Cuando se trata de bienes raíces, cada persona tiene una reacción diferente. La gente piensa de forma diferente cuando se trata de comprar una propiedad. Si le hicieras a alguien una pregunta tan  sencilla como ¿por qué compras una vivienda? Algunas personas no tendrían respuesta a esa simple pregunta. Esto puede sonar gracioso o extraño, pero si hicieras la misma pregunta a diez personas habría diez respuestas diferentes. Lo que quiero decir con esto es que las personas de distintas culturas y de distintas partes del mundo reaccionan de forma diferente ante los bienes raíces. Si se hiciera una pregunta sencilla, habría muchas respuestas diferentes, algunos dirían que es una casa, otros que es un terreno y nunca se sabe qué otras respuestas se darían. Una vez oí decir a un joven que los bienes raíces son un terreno con una valla alrededor. Como se suele decir, cada loco con su tema. Se diga lo que se diga, invertir como inmobiliario puede ser un acierto, en realidad no importa cuál sea la cultura, el sector inmobiliario es una inversión que no debe tomarse a la ligera. En capítulos anteriores he mencionado que la compra de un inmueble es una de las transacciones más grandes que uno puede hacer y debe tratarse como tal. Una vez que sepamos cuidar el dinero que tanto nos ha costado ganar. Sabremos cómo tratar nuestra inversión. Muchas personas tienen inconvenientes a la hora de comprar bienes raíces. El sector inmobiliario es una mina de oro, pero muchos de nosotros no sabemos cómo sacarle partido. Quizá porque pisamos el suelo, no parece tener mucho valor. Se trata de un bien precioso que tratamos y miramos a la ligera, pero que significa mucho para nosotros. El sector inmobiliario es la columna vertebral de una economía, pero no nos hemos tomado el tiempo de pararnos, mirar y pensar lo que está haciendo y puede hacer por nosotros y nuestras familias.

El sector inmobiliario y la comunidad

No me cabe duda de que algunos se preguntarán qué tiene que ver el sector inmobiliario con una comunidad, o qué tiene que ver la comunidad con el sector inmobiliario. Estaremos de acuerdo en que los bienes raíces son terrenos, y mejoramos estos terrenos levantando edificios en ellos. El siguiente paso es mudarnos al edificio en el que vivimos y llamar a ese lugar nuestro hogar. Cada persona mejoró sus tierras y sus casas y entonces llamamos a estas aldeas, o nos referimos a ellas como nuestras comunidades.

No se queda ahí, podemos hacer de estas zonas comunidades malas, o comunidades buenas. Lo determinamos por la forma en que mantenemos nuestras propiedades, y sería bueno que siguiéramos mejorando nuestras propiedades, o como a muchos les gusta decir, es mi casa. Ves, determinas tú si quieres que sea un hogar o una casa. Si una casa carece de características dignas de mención, su estado actual es poco atractivo y, si no se mantiene en buen estado, repercutirá negativamente en el aspecto de la zona circundante. Esta no es la comunidad sobre la que queremos construir. Lo contrario es construir una comunidad atractiva y deseable. La clave para ello es hacer de nuestros inmuebles nuestro hogar, y mantener nuestras casas en buen estado y condición para que embellezcan la comunidad. Estamos de acuerdo en que habrá mucho trabajo y mucho que hacer, pero al fin y al cabo merecerá la pena. ¿Te imaginas que todos los propietarios de la comunidad se enorgullecieran de hacer de su casa la mejor de la zona, cómo sería la comunidad? Esto atraería a personas de diferentes comunidades y pueblos. Por otro lado, ¿y si tu vecino estuviera vendiendo su casa, te imaginas el impacto que tendría tu casa en esa propiedad en venta? Mi consejo es que trates tu casa como si fuera a salir al mercado al día siguiente. ¿Por qué? Porque una casa bien cuidada mejora la comunidad. Periódicamente, una buena mano de pintura hará que la casa parezca nueva y atractiva, lo que puede hacerse con un precio mínimo. Muchos pueden pensar que es muy caro, pero con la información correcta es otra mejora útil para tu inmueble y la comunidad. Un césped bien cuidado dice más que mil palabras a los que pasan por la comunidad en su conjunto. Tu césped llamará la atención y será admirado, y añadiendo algo de iluminación al exterior de tu casa después de pintarla, mejorarás el aspecto general. Una vez más, la iluminación no tiene por qué ser cara. Después de haber hecho todo esto, camina hasta la fachada de tu casa, échale un vistazo, puede que veas otras pequeñas mejoras que podrían añadirse, como plantar un árbol o añadir un poco más de decoración a tu casa. Sin duda, te garantizo que la gente de la zona va a hablar de tu casa. Además, muchos apreciarán y mostrarán su apoyo a las mejoras realizadas. Una buena cosa que puedes hacer cuando hayas terminado de trabajar en tu casa, y creas que estás satisfecho, es hacer una prueba en el mercado para ver lo bien que lo has hecho. El mercado determinará tu inversión. Buena suerte, e intenta ser el mejor en lo que haces, tarde o temprano dará sus frutos.

Páginas de subtítulos

La información que has leído ha sido recopilada por una persona con conocimientos inmobiliarios, que ama el negocio inmobiliario y cree firmemente en él. Se trata de un artículo bastante sencillo y fácil de entender, pero una guía muy informativa que pretende ayudar a los compradores de vivienda a comprender el proceso de compra de una casa y a tomar las decisiones correctas en los años venideros. El negocio inmobiliario ha prosperado y sigue prosperando hoy en día.

El sector inmobiliario se compone de la compra, la venta y el alquiler, que continuarán mientras esta Tierra permanezca intacta. La idea de comprar una casa es siempre el sueño americano y seguirá siéndolo mientras haya vida en este planeta. Es lo mejor que se puede pensar en hacer por uno mismo, o por la jubilación de un ser querido, e incluso por la educación de tus hijos. Si no crees que esto sea cierto, pregunta a alguien que haya hecho su compra hace veinte o treinta años, y te confirmará que es un hecho. La cuota mensual de su hipoteca, si la hubiera, podría ser lo que se paga hoy por un estudio, o incluso menos. Cuando hoy nos detenemos a ver cómo están de altos los alquileres, uno no podría pensar en otra cosa que en comprar su propia casa. Aunque la compra de una vivienda es un paso importante y encomiable, es crucial estar bien informado antes de hacerlo. Este libro pretende proporcionar esa información. Si no puedes acordarte de seguir todos los pasos que se mencionan en este libro, hay una cosa que debes recordar, "en caso de duda, busca el consejo de una persona experimentada". Tomar una decisión equivocada puede causarte cientos o incluso miles de dólares ganados con esfuerzo, mientras que conseguir que la persona adecuada te dé la información inteligente podría hacerte ganar miles de dólares. Espero que saques provecho de tu inversión, pero las decisiones desinformadas pueden provocar pérdidas importantes. Reúne toda la información necesaria antes de hacer cualquier movimiento, y si hay algo que no entiendas, haz preguntas o repásalo hasta que lo comprendas. También puedes pedir ayuda a un amigo. Siempre hay una razón subyacente para la perspectiva de cada uno. No puedo olvidar la frase que dice, "dos cabezas piensan mejor que una" y eso sigue siendo cierto hoy en día. Otra persona obtendrá la respuesta antes que tú, o contigo.

Agradecimientos

Ha llegado el momento de reflexionar sobre el trabajo que he realizado, sabiendo que no ha sido por mi cuenta, sino como dijo el gran escritor Pablo en Filipenses 4:13: "Todo lo puedo con Cristo que me fortalece". Gracias a mi amigo que ha contribuido tanto al éxito de este libro. Tomando prestadas las palabras de Isaías, escribió: "El Espíritu del Señor está sobre mí, porque me ha ungido para predicar la palabra ". El espíritu del Señor estaba sobre mí y me impulsó a escribir. Me sentí muy desafiad a cavar profundamente y sondear tantos recovecos para buscar más allá de las situaciones. Esto es una prueba de mi capacidad, y al hacerlo, he documentado los resultados.

Deseo expresar mi especial gratitud a la Sra. Lloy Cuthbert, que ha trabajado conmigo con tanta diligencia. Has demostrado una notable sensibilidad y profundidad de conocimientos. A la Sra. Kegrah Whittingham, le agradezco los ánimos, se ha tomado la molestia de ayudarme a mecanografiar. Tu dedicación no será olvidada. Sra. Sharon Watson, sus edificantes palabras siempre serán recordadas y seguirán resonando en mi mente. Christine McPherson me dijo que tú crees en mí, y que lo haré, así que, aquí está, ¡puedes leerlo todo! A la Sra. Carol Francis, ¿qué habría hecho yo sin ti? Has demostrado diligencia en tus habilidades y todo lo que parece imposible, lo has hecho posible. Has demostrado una notable sensibilidad y profundidad de conocimientos. Para mí eres como el plano del carpintero. Utiliza el plano para alisar los bordes ásperos de la madera, y de ahí salen piezas de mobiliario de lo más bonitas. Te aplaudo, Carol. Al Sr. Gary Reid, has hecho un trabajo tremendo. Además, deseo expresar mi reconocimiento a las innumerables personas y organizaciones que tan generosamente ofrecieron información sobre ideas y

revisaron ejemplares de este libro. La información contenida en este libro surgió de mis experiencias pasadas. Mis
más sinceros agradecimientos a todos los que han contribuido a allanar el camino para que esto haya sucedido. Por
último, a Dios sea la gloria que me ha dado conocimiento
sabiduría y entendimiento. Sigo en pie como el sabio Salomón, pidiendo más sabiduría.